RITUALES AMOROSOS

Dra. Becky A. Bailey

ConsciousDiscipline®

407.366.0233
648 Trestle Point, Sanford FL 32771
ConsciousDiscipline.com

Para cualquier información con respecto a permisos, escribe a: Loving Guidance LLC, 648 Trestle Point, Sanford, FL 32771. P: 407.366.0233
ConsciousDiscipline.com

© 2021 Becky A. Bailey Ph.D.
Derechos reservados. Publicado por Loving Guidance, LLC.
Impreso en Estado Unidos de América

Rituales Amorosos
ÍNDICE

CONSCIOUS DISCIPLINE lleva una trayectoria de más de 22 años en la construcción de hogares y escuelas fuertes y sanas a través de la seguridad, la conexión y la resolución de problemas. La **Dra. Becky Bailey** escribió el libro *I Love you Rituals* como uno de los primeros soportes para Conscious Discipline. La meta de *I Love you Rituals* era traer momentos de juego, conexión y sintonía directo al corazón de nuestros hogares y de nuestras escuelas. Esta meta se ha venido cumpliendo a través de los años.

Desde su primera impresión, *I Love you Rituals* ha proporcionado actividades amorosas que mejoran las conexiones entre niños y adultos y ayudan a la construcción de relaciones y cerebros sanos. A medida que la audiencia de Conscious Discipline ha ido creciendo y diversificándose, empezamos a buscar maneras en las que pudiéramos traer este poderoso y gozoso componente de nuestro programa a más hogares y más escuelas. Fue así que, al igual que *Edúcalos con Amor, las serie de Shubert, la serie de Sophie y Ayudando a mis Feeling Buddies* (todas ediciones que lo preceden), nació *Rituales Amorosos*.

Rituales Amorosos no podría existir sin la apertura de corazón, la experiencia profesional y la sabiduría cultural de Laura Angulo, Lina Paredes, Lety Valero y Elizabeth Cefalo. Estoy agradecida por su disposición para revisar y jugar con este libro. Agradezco la dedicación de Laura Angulo y su trabajo en la traducción, la transformación y la construcción de la mayor parte de este libro. Estas mujeres dedicaron incontables horas asegurándose de que el mensaje, el dinamismo y el espíritu de mi obra original brille también en español y con las diversas culturas hispanoparlantes.

El amor y la pasión con los que se creó este libro son poderosos recordatorios de la idea de que todos estamos unidos independientemente de nuestro lenguaje, lugar de origen, color o cultura. Es con este espíritu que quiero dedicarle *Rituales Amorosos* a todos aquellos que viven, respiran e inspiran a los demás con El Poder de la Unidad.

Capítulo 1

Los rituales amorosos son interacciones y juegos encantadores que los adultos pueden jugar con los niños desde la infancia hasta los ocho años y que envían mensajes de aceptación incondicional.

LA ACEPTACIÓN INCONDICIONAL ES AMOR

Imagínate llegando a la casa y ser recibido por tu pareja. Sus ojos se iluminan cuando entras. Comienzas a hablar de tu día y, mientras tanto, recibes atención completa de tu pareja. Al mismo tiempo, tu pareja comienza a darte un masaje profundo en la mano que envía mensajes invisibles a las células, como ondas de radio por todo tu cuerpo. Los mensajes que te llegan, te transmiten la sensacion de que: "Estás seguro, eres un ser amado, todo está bien".

En este estado de amor, te sintonizas con las maravillas de la vida y la pasión de vivir. El mundo se convierte en un lugar positivo donde cada persona

tiene un valor incalculable. Esa interacción sería maravillosa. Sería un despliegue de amor poderoso. Estoy segura de que este recibimiento te traería mayores beneficios "¿Qué hay de comer?" "o"¿Recogiste la ropa de la lavandería?". Los rituales amorosos son regalos de amor que tú puedes dar a tus hijos. Y si recordamos que, al darle algo al otro estamos fortaleciéndonos nosotros mismos, estos son regalos que te estás dando a ti mismo.

Respira profundamente y lee en voz alta las frases a continuación:

"Duérmete mi niño (niña)
duérmete ya, que aquí está mamita
(papito)
y te arrullará."

Reflexiona sobre tus emociones. ¿Cómo te sientes después de leer esto? Ahora respira profundo nuevamente y lee la versión original de esta canción de cuna:

"Duérmete niño, duérmete ya...
Que viene el Coco y te comerá"

Reflexiona sobre tus emociones una vez más. ¿Qué palabra usarías para describir cómo te sientes después de leer esta rima? Con este sencillo ejercicio te das cuenta de que lo que ves, oyes y sientes afecta tu cerebro; y tu cerebro maneja tu fisiología, tus emociones y tu comportamiento. Es momento de crear nuevos rituales que reflejen nuestros valores y que sirvan para extender amor hacia los demás.

Una cosa es modificar la canción del "Coco", pero los rituales amorosos son mucho más que eso. Son rituales que envían mensajes de amor incondicional hacia los niños. El amor incondicional es algo que todos deseamos tener y queremos dar y se transmite con un "lenguaje infantil", a través de los rituales amorosos. Se envía constantemente en juegos, en palabras y a través del contacto físico. Es crucial que sea un juego, pues en éste, tanto niños como adultos están totalmente presentes y absortos en el momento.

Piensa en cuando observas a tus hijos jugar. Ellos están tan absortos en sus acciones que es difícil que se den cuenta que los estás llamando a comer. Pon atención cuando tú juegas. Para los que consideramos que leer es jugar, nos podemos sumergir tanto en la historia que nos podemos quedar hasta las 2:00 am, perdiendo el sentido del tiempo. Aquellos que disfrutamos del tenis u otras formas de juego, nos perdemos en la actividad. En esas actividades encontramos partes preciosas de nosotros mismos y nos rejuvenecemos.

LAS BUENAS NOTICIAS FRENTE A LA TRAGEDIA Y VIOLENCIA QUE VEMOS

A lo largo de mis 31 años de trabajo con niños y familias, me he dado cuenta de una creciente tendencia de cambio. Con una visión a corto plazo, este cambio podría parecer disruptivo o negativo; sin embargo, si se ve desde un punto de vista más global, general y a más largo plazo, se puede notar que su belleza está surgiendo.

Desde un punto de vista microscópico, vemos un incremento en la delincuencia juvenil, suicidio, rebelión, apatía, y drogadicción. En niños pequeños, vemos un gran incremento en hiperactividad, impulsividad, lucha de poder, comportamientos demandantes y pataletas cuando no obtienen lo que quieren. Están surgiendo adultos jóvenes, brillantes y con niveles intelectuales superiores, aunque sin rectitud ni moral.

Encontramos padres ocupados y agitados que se dedican a alcanzar sus sueños, al tiempo que se pierden de momentos importantes de sus hijos. Otros trabajan para cubrir los gastos mensuales y pasan poco tiempo juntos. Los bienes materiales seducen más que la amabilidad. Los encabezados de las noticias ofrecen tragedia tras tragedia, por lo que la negación se convierte en una defensa frente la desesperanza. Pero tras estas luchas, todos estos gritos pidiendo ayuda, hay un rugido, hay una ola que está creciendo en el océano de la vida, lista para subir y llevarnos a todos hacia adelante. Este rugido representa nuestro verdadero e intenso deseo por conectarnos los unos con los otros. Nosotros deseamos pertenecer.

Nos esforzamos para ofrecer y recibir amor incondicional. Este deseo de ser amados y adorados nos une a todos.

Estamos cambiando de ser familias y comunidades basadas en roles, a grupos basados en relaciones sanas. El rol de esposa tenía ciertos deberes, el rol de esposo ha requerido obligaciones. El rol de hijo era primordialmente de ser visto y no ser escuchado. Estos roles de tiempos pasados ofrecían seguridad; sin embargo, esta seguridad estaba permeada por opresión, falta de libertad y rituales rígidos que servían a los más poderosos y no a la mayoría.

Los roles daban seguridad sin conexión. Pero estos roles están cambiando y durante este proceso reinan el ruido, la crisis, el dolor, la confusión, y la desesperanza, mientras las familias trabajan con las uñas para mantenerse unidas. Son muchos más los matrimonios que fracasan que los que no. No obstante, nuestras almas buscan superar estas dificultades y estamos listos para conectarnos con los otros de una forma distinta pero desde la misma base. Para movernos de los roles a las relaciones, hemos viajado del no querernos a nosotros mismos, de la vergüenza y la culpa, hacia la auto aceptación y la aceptación de los otros. Hemos progresado, pasando de la rigidez de la uniformidad hacia la tolerancia de las diferencias; hemos pasado, del miedo al cambio, a abrazar su potencial. Estamos pasando de vivir en el pasado o en el futuro a vivir en el presente. Estamos retornando al amor.

Desde fuera pareciera como si el final del mundo estuviera cerca, pero internamente, estamos acercándonos entre nosotros más que nunca. Este libro se trata de acercarnos. Se trata de reconectarnos con nosotros mismos y con nuestros hijos. En estos rituales y tiernas actividades que estarás realizando con tus hijos, vas a encontrar algo muy precioso – a ti mismo. Nuestra cultura necesita estos rituales amorosos: son el puente para pasar de los roles a las relaciones.

ACTIVIDADES QUE BENEFICIAN A TODOS

Una verdad de la vida es que cuando ofreces algo a los otros, te fortaleces internamente. Para de leer por un momento. Piensa en tus hijos y en todo lo que los amas. Si ellos están en el colegio o en el cuarto de al lado, sólo deséales el bien. Desde tu mente y tu corazón, permite que tus emociones se desborden y envíales un bombardeo de amor silencioso. Ahora, ¿cómo te sientes? Probablemente cómodo y reconfortado. Tú le ofreciste a tus hijos amor y seguridad al desearles el bien y, al mismo tiempo, te llenaste de amor.

Lo mismo sucede cuando hacemos lo contrario y criticamos o culpamos. Cuando sólo vemos lo que les está faltando a los otros, lo que no están haciendo o lo que está mal en el mundo, empezamos a sentir lo que nos falta a nosotros mismos. Si pasas el día fijándote en lo que está mal, seguramente en la noche no podrás acostarte feliz. La autoestima no surge de la forma en que nos ven los otros, sino en la forma en que vemos a los otros. Observa la belleza de los otros y podrás ver la belleza en ti mismo.

Al realizar estos rituales amorosos con los niños, no solo estimulas el potencial del cerebro de tu hijo, sino que, adicionalmente, sanas tus viejas heridas. Padres, tías, tíos, abuelos, padrastros y madrastras, todos encuentran amor para ellos mismos al tiempo que extienden amor a sus hijos. Los rituales amorosos te siembran en el momento presente, te conectan con tus hijos y te ayudan a restablecer y a mantener internamente un lugar seguro desde el cual surge el amor.

RUTINAS VERSUS RITUALES: SE NECESITAN LOS DOS

La vida con niños pequeños está llena de rutinas. Hay rutinas para dormir, rutinas para cumplir los deberes y rutinas de comida, por mencionar algunas. Las rutinas para los niños pequeños son esenciales pues les ayudan a reconocer la hora y regular sus propios relojes internos. Los niños saben que después de la ducha viene el momento del cuento. Aprenden a predecir lo que va a suceder después y, de esta manera, se sienten más empoderados para abordar la tarea.

Nuestros cerebros son dispositivos que buscan patrones constantemente. En la medida en que los patrones sean más claros para los niños pequeños, el ambiente será más enriquecedor para el cerebro. Esto explica por qué muchos padres de niños pequeños vuelven exhaustos de las vacaciones. Cuando la

rutina de los niños cambia, el caos y el mal genio pueden llenar el espacio que antes era ocupado por las rutinas.

Los rituales no son rutinas. Hay una diferencia entre los dos. El objetivo de las rutinas es la continuidad, mientras que el objetivo de los rituales es la conexión. Los rituales crean un espacio sagrado diseñado para fortalecer la unión; por ejemplo, las fiestas patrias o religiosas. Algunas familias americanas se reúnen en el Día de Acción de Gracias para expresar unidos su gratitud. Los rituales de cumpleaños, como cocinar la comida preferida del celebrado o tenerle un pastel y cantarle "Feliz cumpleaños", son una forma de honrar al familiar. Los rituales son el pegamento que mantiene el mosaico de amor unido. Las pandillas callejeras crean rituales para llenar el vacío que sienten sus miembros como resultado de la falta de conexión en sus vidas.

Podemos crear rituales saludables con nuestros hijos, o ellos los van a desarrollar con otros lo mejor que puedan. Tal como el primer ejemplo de recibir a tu pareja, podemos saludar a nuestros hijos con un ritual amoroso o podemos llegar a la escuela por ellos y decirles, "¿Dónde están tus cosas? Apúrate, tenemos que parar en la tienda antes de llegar a casa". La decisión es nuestra.

Los rituales amorosos saludables promueven el desarrollo de niños amorosos y emocionalmente saludables. Este libro se trata de crear y construir rituales saludables.

LAS CUATRO METAS DE LOS RITUALES AMOROSOS

Estas actividades encantadoras y lindas, han sido diseñadas para conseguir cuatro metas vitales.

META 1: 💚

Los rituales amorosos optimizan el cerebro de tu hijo, proporcionándole mayores posibilidades para el éxito en la escuela y en la vida

Estas actividades están diseñadas para incrementar el tiempo de atención y cooperación de tu hijo. La cantidad de tiempo que pierdes en luchas de poder y escuchando frases como, "No puedo", "Yo no tengo que", "Tú no me puedes obligar.", y "No me importa" van a disminuir. Los rituales amorosos pueden, literalmente, cambiar la química del cerebro de tu hijo.

La vida se reduce a nuestra capacidad para comunicarnos. Las células del cerebro se comunican entre sí a través de moléculas llamadas neurotransmisores. Los neurotransmisores actúan, hasta cierto grado, como interruptores que crean caminos de comunicación entre las células, algo similar a los cables telefónicos. Si estos neurotransmisores no funcionan en forma óptima, la comunicación interna del cerebro es interrumpida. Esta interrupción se refleja en el comportamiento de tu hijo.

La dopamina, un neurotransmisor clave, apoya a nuestro cerebro de diferentes formas. En primer lugar, la dopamina dice simbólicamente:

"Enfócate en esto; pon atención". Esto nos ayuda a mantenernos enfocados. ¿Cuántas veces sientes que tu hijo es desatento? ¿Qué tan desconcentrado te sientes a veces? El café incrementa la eficiencia de la dopamina, lo que explica la razón por la cual algunas personas se sienten más inteligentes después de una taza.

En segundo lugar, la dopamina nos motiva a alcanzar nuestros objetivos. Dice: "Ve por esto; obtén lo que deseas". La dopamina nos ayuda a actuar para conseguir nuestros objetivos, en vez de desear pasivamente que las cosas sean diferentes. Adicionalmente, la dopamina ayuda a crear las emociones positivas que sentimos cuando experimentamos interacciones sociales exitosas. Por ejemplo, después de un almuerzo agradable con unos amigos, nos sentimos contentos y satisfechos. Esto, hasta cierto grado, es el bienestar causado por la dopamina.

Hace algunos años salió una película que se llamaba Despertares que mostraba los efectos devastadores de una vida sin dopamina. El personaje caracterizado por Robert De Niro se sentaba congelado en una silla de ruedas, incapaz de moverse, enfocarse o interactuar con otros.

El funcionamiento de la dopamina parece ser impulsado y calibrado durante los primeros años de vida. Esos juegos como esconderse el rostro, juegos de aplaudir, soplar y hacer ruiditos están vinculados con el desarrollo de la dopamina. Los ingredientes secretos parecen ser el contacto visual, el tacto y el vínculo que proveen estas interacciones.

Observe a un adulto amoroso interactuar con un bebé de seis meses: sus ojos se encuentran y una conexión se desarrolla entre ellos. Es similar a las experiencias posteriores que llamamos amor a primera vista. En estos juegos, los adultos y los niños se turnan para imitarse las expresiones faciales, uno liderando y el otro siguiéndolo como en una danza. El encanto de esta intimidad mutua hace olvidar la auto consciencia incluso de adultos malhumorados y "Gu, gu" sale de las bocas hasta de los adultos más reservados en presencia de un bebé adorable y que reacciona con interés.

Los rituales amorosos están diseñados para fomentar el contacto visual y fortalecer el vínculo. En el proceso, la dopamina y todo su sistema, así como los tiempos de atención y el desarrollo social se fortalecen en los niños. Los anteriores son importantes para el desarrollo social, emocional y el éxito escolar de tu hijo.

Los niños que son rodeados por discusiones y tensiones constantes en casa pueden aprender a desconectarse de lo desagradable con el fin de sobrevivir. Este proceso de desconexión puede ser un reflejo de una reducción de los niveles de dopamina en el cerebro. Hace algunos años una amiga llevó su familia a Disney World de vacaciones. Después de un día en el calor y de las multitudes, volvieron a su habitación de hotel para encontrarse conmigo para cenar. Cuando llegué, mi amiga y su esposo estaban en medio de una discusión. Su hijo de diez años estaba estoico mirando por la ventana y su expresión facial estaba desenfocada. Él estaba haciendo lo que todos nosotros hemos hecho en un momento dado. Estaba "haciéndose invisible" y quitando

la discusión de su campo de percepción; estaba aliviando su tensión al disminuir su habilidad de poner atención y, por lo tanto, disminuyendo su nivel de dopamina. Si el nivel de dopamina bajo es crónico y no se corrige, puede crear problemas a lo largo de la vida.

Estos problemas pueden incluir:

1. **Periodos de atención cortos**

2. **Inhabilidad para concentrarse y finalizar sus tareas**

3. **Hiperactividad**

4. **Una habilidad disminuida para leer las claves sociales de los otros**

Los rituales amorosos proveen conexión diaria para tus hijos, facilitando el incremento de los tiempos de atención y la cooperación. Ensaya el siguiente experimento: observa lo que hace tu hijo cuando tu relación con él está interrumpida por una serie de conflictos. Te podrás dar cuenta de que el contacto visual contigo se reduce al mínimo y que cuando vas a tocarlo, tu propuesta es rechazada. Tu hijo se aleja de ti evitando la reconexión.

Cuando una relación necesita ser reparada, el contacto visual es una de las primeras acciones sociales que se debe buscar, seguida por el contacto físico. El viaje de la reconexión se realiza a través de la comunicación y ésta surge a través del compromiso simultáneo de los ojos, el tacto y palabras amorosas – todos estos incluidos en los rituales amorosos.

META 2:

Los rituales amorosos incrementan tu potencial de aprendizaje y efectividad a través del contacto físico

El tacto es el único sentido sin el cual no podemos vivir. Tu hijo podría ser ciego y estar bien, podría ser sordo y estar bien, pero sin tocar y ser tocado moriría. En 1920 el doctor Henry Chapin, un pediatra de Nueva York, reportó que la tasa de mortalidad en niños menores de dos años en instituciones en Estados Unidos era del 100%. Estos niños recibían adecuada, alimentación y refugio. Lo que les faltaba a estos bebés era ser acariciados. Chapin concluyó que ser cargado, acariciado y consentido era necesario para la vida.

Muchos experimentos continúan apoyando la conclusión del Dr. Chapin. Las investigaciones indican que en los animales, así como en los seres humanos, el comportamiento de aquellos que reciben caricias es sorprendentemente diferente del de aquellos que no. Todos los animales, incluyendo a los humanos, que recibían muchas caricias eran relajados, cooperativos, tenían sistemas inmunes fuertes, poseían un mejor funcionamiento fisiológico, eran amigables y poseían mejores habilidades para manejar diferentes tipos de estrés. Los animales que no fueron tocados adecuadamente eran tímidos, aprehensivos y muy nerviosos. Estos animales estaban tensos, se resistían, eran impulsivos, ansiosos, irritables y agresivos. Con millones de nuestros niños medicados con Ritalina, el incremento de la violencia juvenil y la disminución de las habilidades sociales, es imposible evitar cuestionarse sobre la relación entre el tiempo que se dedica a acariciar a los niños y las actuales prácticas de educación y de formas de crianza.

Cuando dirijo talleres con padres, el contacto es un aspecto integral de la experiencia. Frecuentemente siento la incomodidad de los participantes. Me dicen: "Yo podría hacer esto con mis hijos, sólo que me parece difícil hacerlo con otro adulto". Estos comentarios usualmente los hacen las mujeres mientras que muchos hombres simplemente se rehúsan del todo a realizar las actividades. Hemos creado muchas explicaciones racionales para entender por qué no nos tocamos los unos a los otros. Hay muchos miedos.

En las últimas décadas, Estados Unidos ha pasado por un periodo importante durante el cual nos dimos cuenta del daño causado por el abuso sexual. Este era un paso necesario en nuestra evolución; sin embargo, tristemente agregamos el abuso sexual a la lista de "por qué" no nos tocamos. Nos hemos convertido en una sociedad de intocables. Se ha vuelto mucho más fácil comprar regalos para darnos los unos a los otros que dar y recibir un abrazo. Los niños son transportados en coches, usamos las sillas de carro y son puestos en unas cunitas para dormir. Estamos siendo entrenados para tocar a los bebés únicamente cuando ellos pidan atención. Con el tiempo, el producto más solicitado por los padres modernos será un bebé silencioso que esté dispuesto a entretenerse solo en su porta bebés y que permita a los padres atender las demás obligaciones de la vida. Desafortunadamente, mientras más nos enfoquemos en otras obligaciones más demandantes, nuestros niños serán más demandantes.

El contacto físico es cada vez es más escaso en nuestra sociedad. De alguna forma, en algún lugar, hemos perdido "contacto" con nosotros mismos y con nuestros hijos. Nos hemos vuelto tan distantes los unos de los otros, que para volver a vivir de forma sana, es necesario que declaremos el permiso de tocarnos y proporcionemos una estructura para hacerlo.

Investigaciones sobre el cerebro confirman el rol crítico del contacto físico en nuestra salud mental y emocional. Cuando nos tocamos entre nosotros, una hormona llamada factor de crecimiento nervioso es liberada. Esta hormona es esencial para el funcionamiento y aprendizaje neuronal. El cerebro y la piel se desarrollan a partir de los mismos tejidos embrionarios. La piel, en esencia, es la capa externa del cerebro. Si queremos niños inteligentes y felices, debemos tocarlos conscientemente. Es el momento de reaprender a acariciar apropiadamente y superar nuestros miedos de tocar de forma inapropiada. Debemos aceptar que el contacto tiene un valor y una función específica en el desarrollo y el aprendizaje.

Cuando un niño entiende qué es tocar a otro de una forma cariñosa, él o ella puede desarrollar compasión por sí mismo y por los demás. Los golpes se convierten en abrazos, arrebatar se convierte en pedir y se aprende la diferencia entre la caricia

deseada y la indeseada o incómoda. El contacto físico apropiado es la pieza clave de cada uno de los rituales amorosos de este libro.

Hace algunos años estaba visitando a mi abuelita en un hogar para personas mayores. Cuando llegué no me reconoció. Me preguntó: "¿Mamá sabe dónde estoy? Hoy no he ido a casa". Yo le aseguré que su madre sabía exactamente dónde estaba y que todo estaba bien. Durante el tiempo que estuve visitándola, ella habló como si fuera una niña. De vez en cuando, se daba cuenta del momento presente y advertía que alguien estaba vistiendo un hermoso vestido rojo o un abrigo rojo. Yo me sentí profundamente triste y fue muy difícil para mí iniciar una conversación con ella. Entonces decidí iniciar un ritual amoroso. Le dije a mi abuelita: "Voy a hacer contigo las cosas que tú hacías cuando yo era pequeña". Tomé su mano e hice con ella los rituales amorosos con las manos. Después de quince minutos de "jugar y tocarnos", sus ojos se pusieron alerta, ella me observó y dijo, "Becky, ¿cómo está todo en la universidad?". Ese fue mi último contacto con mi abuelita y estoy agradecida por haber tenido ese momento. Yo te animo a que no permitas que este libro se quede en un estante.

META 3:

Los rituales amorosos crean rituales que mantienen a las familias unidas inclusive durante las épocas más difíciles

A lo largo de la historia, todas las culturas han creado rituales. Los rituales son una parte central de la vida. Van desde los que determinan la forma en la que las comidas son compartidas y cómo se marcan los eventos importantes, hasta la forma como se celebran las fiestas. Los rituales nos rodean; por ejemplo, el común ritual de pedir un deseo antes de soplar la vela el día del cumpleaños o los rituales a la hora de dormir diciendo: "Hasta mañana y dulces sueños".

Los rituales crean momentos para jugar, para explorar el significado de nuestras vidas y para trabajar y reconstruir relaciones. Piensa en los rituales placenteros de tu infancia. ¿Qué emociones son evocadas mientras te permites recordar? Generalmente, estos son sentimientos y emociones de amor, ternura y seguridad. Durante estos momentos, "todo está bien" para ti mismo, tu familia y el mundo. Una mujer que conozco compartió el ritual de "oler" a su nieta cuando ellas se estaban abrazando. Ella envolvía a su nieta con sus brazos, ponía su nariz en el cuello de la niña e inhalaba como si estuviera respirando su perfume. Este ritual puede sonar tonto; sin embargo, el significado que tiene tanto para la abuela como para la nieta va a durar de por vida.

Es sorprendente la forma como han cambiado las familias actuales frente a las familias de hace 20 o 50 años. Mientras nuestra sociedad se está reestructurando con un cambio en los roles de género, las familias reconstituidas, la diversidad cultural y la incertidumbre económica y política, el miedo es la emoción predominante. Nuevos rituales son necesarios para las familias y para los niños. Los rituales amorosos ponen

la vida en perspectiva, cambiando nuestro foco de atención, pasando de la necesidad de "ir hacia delante", a juntarnos entre nosotros, así como cambiar la importancia de la riqueza material por la importancia de nuestro valor como personas. Son llamados "rituales" porque han sido diseñados para ser parte de las actividades diarias entre los adultos y los niños.

Los rituales son momentos que se tienen con el exclusivo propósito de conectar. Las transiciones difíciles durante el día o la semana pueden representar una señal de que se puede requerir un ritual para ese momento. Un niño que se queja o molesta a su padre o a sus hermanos en el carro cuando lo están recogiendo del colegio, puede requerir un ritual para calmarse o un cambio de rituales. Recoger a los niños en el colegio y utilizar las palabras "¿Hola, cómo te fue? ¿En dónde está tu chaqueta? ¿Trajiste tu tarea? Móntate en el carro, necesitamos parar en la tienda. Vamos, apúrate. No tengo todo el día", no te reconecta con tu hijo. En vez de eso trata el ritual de la pagina 86 "¿Qué trajiste a casa de la escuela?". Este ritual involucra encontrarte con tu hijo y decir: "Ahí estás. He estado esperando todo el día para abrazarte. Quiero ver qué trajiste del colegio. Trajiste esos ojos cafés. Trajiste esa peca que me encanta en tu brazo. Trajiste tu morral y tu abrigo. Vámonos".

Reflexiona en esos momentos en los que has pensado: "Necesito que alguien se enfoque solamente en mí -alguien que me ame, se de cuenta de mí, me adore." Esos momentos son gritos pidiendo un ritual amoroso. Los rituales amorosos son perfectos para reconectarte con tus hijos cuando los recoges del colegio, después de que vuelves de un viaje de trabajo, al despertarlos por la mañana o cuando los estás llevando a la cama por la noche. Elije un momento, elije un lugar y consistentemente involucra a tus hijos en estas actividades todos los días. El ritual amoroso ha comenzado.

Aunque los rituales amorosos son esenciales para todos los niños, son críticos para niños que han experimentado pérdidas en sus vidas. Estas pérdidas incluyen cambios: cambiarse de casa, cambiar de barrio o de colegio, divorcio, muerte de un familiar (incluyendo las mascotas), y el nacimiento de un hermano. Estos rituales dan base a los niños cuando el cambio los está amenazando.

META 4: ♥

Los rituales amorosos fortalecen el vínculo entre adultos e hijos y alejan a los niños de las drogas, la violencia y la presión de grupo; ayudando a construir las bases para la salud mental y emocional.

El vínculo entre padres e hijos es la fuente primaria para la salud emocional de los niños. Este vínculo le da a tu hijo la capacidad para tener relaciones satisfactorias por el resto de su vida. Un vínculo débil o ansioso puede resonar en la vida de tu hijo en forma de baja autoestima, relaciones difíciles, o la inhabilidad para pedir o buscar ayuda de manera efectiva. Las investigaciones indican que más de un tercio de los niños de familias de clase media sufren de vínculos ansiosos con sus padres. Estos vínculos inseguros tienden a ser

transmitidos de una generación a otra. Cada papá o mamá quiere saber cuáles son las experiencias tempranas que permiten que su hijo sienta que el mundo es un lugar positivo. Nos preguntamos cómo hace un niño para estar equipado con confianza suficiente para explorar, para desarrollar relaciones saludables con sus pares y para recuperarse de la adversidad. Queremos saber qué es lo que hace que un niño se vea a sí mismo como un ser amado, amoroso y valioso. Nos preguntamos: "¿Tengo lo que se necesita para educar a un niño seguro? ¿Qué puedo hacer o cambiar para apoyar a mi hijo?". Hoy, cuando los padres están menos tiempo en casa y se incrementan las familias reconstituidas en nuevas formas o combinaciones, es momento para algunos rituales amorosos. Necesitamos esta ancla; la marea está agitada.

El vínculo seguro se crea por la calidad sutil de las relaciones entre adultos y niños. No sucede porque un padre sostiene, alimenta, baña, o responde al llanto del niño. Está basado en cómo responde el adulto. Todos hemos tenido experiencias de hablar con nuestra pareja o con un amigo que pareciera que nos está escuchando, pero algo está faltando. Hemos ido al cine y hemos salido a cenar con un amigo, hemos pasado un rato agradable, pero algo está faltando. Por el contrario, hemos tenido experiencias con parejas o amigos en las que nos sentimos que estaba todo completo -que ellos estuvieron "ahí" y que estábamos sintonizados en el momento y con el otro. Esta conexión está en el corazón de nuestros vínculos con nuestros hijos y entre nosotros.

Las siguientes historias demuestran la diferencia entre responder a las necesidades físicas de un niño y vincularse con un niño respondiendo a sus necesidades emocionales.

Una vez, cuando estaba almorzando con una buena amiga en un restaurante, nos dimos cuenta de que un niño de 12 meses estaba al lado nuestro. Él estaba feliz golpeando la bandeja con su cuchara, moviendo su brazo y produciendo sonidos. Sarah, mi amiga, le dijo al niño, "Aquí estás, te estamos viendo", y ella imitó su brazo subiendo y bajando. Su cara se iluminó y sus ojos se encontraron con los de Sarah mientras la conexión entre ellos se formó.

Después, dos camiones de bomberos con las alarmas prendidas pasaron cerca del restaurante. El sonido fuerte y las luces intermitentes angustiaron al niño. Frunció las cejas, sus labios comenzaron a temblar y estaba al borde de las lágrimas. Sin embargo, no hizo ningún intento para revisar la expresión de su madre con el fin de tener información o seguridad, como es de esperar en niños de su edad. Los niños pequeños, hasta los cuatro o cinco años, confían en los afectos o los comportamientos de sus padres para determinar si una situación es segura o no. Posteriormente en la vida, pueden discernir esta información por ellos mismos a través de las claves del entorno. La mamá de este niño estaba ocupada poniéndole la chaqueta, recogiendo la pañalera y recogiendo los objetos que el niño había lanzado de su silla de comer. Es decir, estaba ocupada con las demandas físicas de la situación. El niño necesitaba seguridad e información de su madre para saber que todo estaba bien. Esta información no fue enviada a través del contacto visual, dejando al niño con sus propios y escasos recursos. Las necesidades emocionales del niño no fueron detectadas. Su madre estaba atendiendo la mecánica de ser madre pero no estaba sintonizada con su hijo.

Estando en el parque del barrio, un niño se estaba rodando de cabeza por el tobogán. Al final del tobogán, salió volando y cayó sobre sus hombros y su quijada. Se raspó los dos hombros, se cortó la quijada y comenzó a sangrar. El niño comenzó a llorar. No hizo ningún esfuerzo por ver o buscar a su madre, comportamiento poco común en los niños de su edad, por lo que me quedé observándolo. Su madre pronto lo recogió y lo llevó a la mesa de picnic donde ella estaba sentada. El niño siguió llorando. Se sentó tieso en la mesa de picnic mientras su madre buscaba en su cartera un pañuelo. Mientras ella sacaba los implementos necesarios para curar las heridas, comenzó a aleccionarlo de forma mecánica y sin parar acerca de bajarse por el rodadero con los pies adelante y otras reglas que ella pensaba que hubieran podido prevenir el accidente. La madre había atendido las heridas, pero no las necesidades emocionales del niño. En ese momento comprendí la razón por la cual el niño no había buscado a su madre cuando se cayó.

En una guardería, un niño estaba determinado a jugar detrás de la mesa en la que se cambian los pañales -un área que estaba fuera de los límites para los niños. La persona encargada dijo con una voz dura y amenazadora, "No, no, tú no. Sal de atrás de ese mueble. YA VETE!" El niño comenzó a llorar. La respuesta de la persona encargada fue "tus lágrimas no me impresionan." Ella estaba atendiendo las reglas de la guardería y no las necesidades emocionales del niño. Si hubiera dicho, "Ven Adam, no es seguro estar detrás de la mesa. Podemos jugar juntos aquí", hubiera podido tener en cuenta tanto las reglas como al niño.

En nuestra sociedad afanada, muchos están encontrando que la mecánica de ser padres es todo lo que logran soportar. La alegría de ser padres se ha perdido. Los padres están abrumados con las presiones de la vida moderna. Estas obligaciones hacen que los padres no estén presentes físicamente y, otras veces en las que los padres están con sus cuerpos presentes, sus mentes están en otro lugar. Las implicaciones de nuestra ausencia bien intencionada se pueden manifestar en ciertas características del comportamiento de nuestros hijos. Por ejemplo, podemos ver a nuestros hijos actuando como gángsters, aprovechándose de niños más vulnerables. O los podemos ver victimizados y excluidos por otros o excluyéndose ellos mismos para manejar la ansiedad que tienen de fracasar. Podemos ver a nuestros hijos siendo impulsivos o tímidos, mostrando pocas habilidades de concentración, molestándose fácilmente y faltos de iniciativa. Por otro lado, podemos ver una independencia desenfrenada que les permite dar ordenes y que raya en la terquedad.

Vemos a nuestros hijos con dificultades con sus amigos, celosos y temerosos de que puedan perder la seguridad de tener un mejor amigo. Podemos verlos evitando riesgos y actividades grupales o que se lanzan a tomar riesgos peligrosos. Es posible que pensemos que estos comportamientos son parte del temperamento del niño. Y sí, el temperamento es un factor; sin embargo, investigaciones sobre el cerebro indican que aunque la naturaleza brinda la materia prima para el desarrollo cerebral, la educación y la experiencia son el arquitecto. La manera en que interactuamos con nuestros hijos da forma a su cerebro. Literalmente diseñamos de forma personalizada los cerebros de nuestros hijos. A muchos de los comportamientos que observamos se les puede trazar la historia hasta la experiencia original en donde participan tanto los niños como las personas encargadas de su cuidado.

Puede parecer abrumador, pero hay esperanza. Así como los niños perdonan, también lo hace su cerebro -especialmente durante los primeros años. El cerebro puede ser formado y reformado por cada nueva experiencia, como con una casa que se ensucia, lo que se necesita es una buena limpieza. Los rituales de amor están diseñados para fortalecer el vínculo entre un adulto y un niño y, como resultado, restablecer el sentido de seguridad del niño. Esta base segura le da libertad al niño para explorar el mundo con mayor interés y con mayor éxito. También construye lazos sanos entre el adulto y el niño, incrementando la disposición del niño a colaborar.

Imagínate que estás sentado en el sofá

con tu pareja. Últimamente tu relación viene muy bien -la comunicación y la conexión han estado en un nivel alto. Si uno de ustedes se levanta y el otro pide: "Amor, aprovechando que te has levantado, ¿me puedes traer un sándwich?", seguramente la respuesta sería "Claro, ¿cómo te gustaría?" Ahora imagínate que estás en el sofá y la relación no va muy bien -tan mal que te preguntas por qué esta persona está en tu sofá. Entonces una de las dos personas se levanta y la otra le pide algo. Seguramente la respuesta sería "Ve tú mismo; tienes piernas para hacerlo".

La cooperación está directamente relacionada con la conexión que sentimos con el otro. Lo mismo es cierto con los niños: fortalece el vínculo e incrementa el espíritu cooperativo.

Las cuatro metas de los rituales de amor son alcanzables entre tú y tu hijo. Lograrás optimizar el desarrollo de su cerebro, incrementar su potencial de aprendizaje, fortalecer a tu familia y sentar la base para el bienestar emocional de tu hijo.

AYUDA PARA NIÑOS QUE SON DESAFIANTES

No todos los niños salen del útero siendo fáciles para calmar y dormir, consentir o para disfrutar interacciones por largo tiempo. Los niños tienen diferentes temperamentos. Aquellos de ustedes que tienen más de un hijo se pueden dar cuenta de las diferencias entre ellos. Algunos niños manejan bien el cambio y otros nacieron ansiosos. Algunos niños son persistentes y enfocados y otros están "por todos lados". Tu hijo puede

estar teniendo problemas por déficits de atención o hiperactividad. Como mencioné anteriormente, los cambios en la estructura familiar y de ubicación pueden crear desafíos para los niños. Algunos de los desafíos que pueden afectar profundamente a tu hijo incluyen los siguientes:

1. **Divorcio o tensión marital sin resolver**

2. **Muerte de un padre o un miembro de la familia**

3. **Padres con adicciones**

4. **Adopción**

5. **Nacimiento de hermanos**

6. **Cambios de casa o de escuela**

7. **Temas médicos (infección de oído crónica, cólico, entre otros)**

Para los niños con desafíos, los rituales amorosos son como los salvavidas para los marineros a la deriva. Estos rituales permiten que los niños logren salir a flote después de momentos adversos A no ser que el niño sea ayudado a manejar los desafíos, ellos podrán desafiar a los adultos demostrándoles un sinnúmero de comportamientos irritantes.

Para niños con desafíos, la vida parece miedosamente descontrolada. Algunos niños se vuelven resistentes en el intento de frenar los eventos de la vida. "Tú no puedes hacer que yo" y "Yo no tengo que" son frases comunes. Otros niños intentan controlar siendo controladores. Esta actitud de mandón es desafiante para ti, para profesores, pares y hermanos. Los niños felices ven a otros niños como posibles amigos. Niños que están heridos ven a otros niños como su competencia en un mundo donde los recursos son escasos. Sin importar la forma como se manifieste la resistencia, estos niños no confían lo suficiente en el mundo para sentirse abiertos y optimistas.

Los rituales amorosos se han hecho a partir de los juegos sociales que los padres juegan con los niños -juegos en los que dos personas interactúan para producir una interacción continua viable. Recuerda cuando tu hijo era un bebé. No importaba si estabas cambiándole el pañal o dándole de comer, el juego de escondidas (*"peek-a- boo"*) podía suceder sin ninguna razón y en cualquier momento. El juego duraba lo que debía durar y se desvanecía tan rápido como comenzaba. Tú realmente nunca supiste cuanto duraba el juego, pero lo importante era lo mucho que los dos lo disfrutaban mientras sucedía. Ese disfrute venía de la certeza; ustedes podían contar con ella.

Un cierto nivel de incertidumbre existe en todas las interacciones sociales. Nunca sabemos realmente lo que sucederá: ¿la interacción producirá una respuesta positiva? ¿La interacción será sostenida o será interrumpida? Para prosperar en el mundo, debemos aprender a tolerar un cierto nivel de incertidumbre. Algunos niños reaccionan a la incertidumbre con ansiedad. Los adultos algunas veces se sienten de la misma forma; a veces prefieren un resultado garantizado antes de poner en juego la interacción. Al jugar a los rituales amorosos con tus

hijos, reemplazas la desconfianza por confianza. La ansiedad que produce la incertidumbre de la vida disminuye y es moderada por la creciente habilidad de vivir en el misterio, anticipando el disfrute en vez del miedo.

Adicionalmente a las cuatro metas generales que los rituales amorosos ayudan a lograr, los rituales tienen los siguientes beneficios:

1. Mantienen estimulado al niño en un nivel óptimo. ¿Te has dado cuenta de que hay niños que tienen problemas modulando sus niveles de exaltación? Se molestan fácilmente y les cuesta trabajo volver a su estado normal y recuperar su compostura. Los rituales amorosos están diseñados para construir relaciones que ayudan a los niños a internalizar o ajustar sus niveles de exaltación para que sea más uniforme y equilibrado.

2. Le dan al niño una sensación de control sobre su entorno que fortalece la auto-confianza y promueve el crecimiento intelectual. ¿Te has dado cuenta de que algunos niños siempre están buscando controlar a otras personas, situaciones o eventos? Los rituales amorosos promueven interacciones basadas en la danza de la receptividad: así como el adulto responde frente al niño, el niño aprende a responder a otros. En esta danza, el niño adquiere una sensación de control que surge internamente, no de controlar eventos externos.

3. Exponen al niño a situaciones sociales intensas que promueven el vínculo y proveen las bases para todas las demás habilidades sociales y de comunicación. ¿Te has dado cuenta de que algunos niños no tienen las habilidades que se necesitan para llevarse bien con otros niños? Ellos tienen problemas para hacer amigos y mantener la amistad, para respetar los turnos y para compartir. Los rituales amorosos son juegos interactivos que se convierten en la plataforma desde la cual evoluciona la capacidad para respetar los turnos y compartir.

4. Fomentan que el niño se involucre con su entorno. ¿Te has dado cuenta de que algunos niños tienen formas muy estereotipadas de jugar? Tienden a jugar los mismos juegos repetidamente o a moverse impulsivamente de juguete en juguete sin estar involucrados realmente en el juego. Los rituales amorosos permiten que el niño se involucre exitosamente con el adulto que lo está cuidando. El adulto dirige el juego, incrementando las habilidades de atención y enfoque del niño.

5. Sintonizan al niño con los aspectos sociales del lenguaje. ¿Te has dado cuenta de que algunos niños con dificultades tienen retrasos en el desarrollo del lenguaje? Los rituales amorosos son juegos que generalmente se efectúan cara a cara. Los juegos incrementan la habilidad para enfocarse en la cara del adulto. Con este enfoque, el niño se sintoniza con la parte del cuerpo que produce el lenguaje, ayudado por las claves que dan las expresiones faciales.

¿Cuántas veces no te encuentras secuestrado por las obligaciones diarias, haciendo lista de las cosas que hay que hacer, perdiendo de vista tus necesidades y las de otros? Estamos pendientes de lavar la loza, arreglar la casa, la ropa, llevamos y recogemos a los niños, llamamos por teléfono, enviamos emails, pero no estamos pendientes los unos de los otros. Estar pendiente de las matices sutiles de nuestros hijos está en el corazón de lo que llamamos el proceso de apego. A través de este proceso se forma el vínculo entre padres e hijos. Este vínculo es la base de toda la salud emocional. Deja atrás la culpa de lo que ha sido o lo que ha debido ser y comienza AHORA con los rituales amorosos.

Respira profundo y comprométete a hacer estos rituales con tu hijo de forma regular. Observa a tu hijo florecer en tu presencia y sanarse de ausencias inintencionadas. La sanación de nosotros mismos, de nuestros hijos y de nuestra sociedad comienza con un vínculo a la vez.

Capítulo 2

**Rituales amorosos y disciplinar a los niños:
Una conexión poderosa**

"La principal fuente de una buena disciplina es crecer en una familia amorosa, donde se es amado y se aprende a amar a quien te ama."

-Benjamin Spock

Imagínate que estás teniendo una discusión con tu pareja. *Nuevamente*, discuten sobre la forma en que se debe disciplinar a los niños. Desde tu punto de vista, las técnicas de tu pareja te parecen un poco severas. Desde su perspectiva, tú eres muy relajada o relajado, tratando al niño como un bebé hasta convertirlo en un incompetente.

Estas discusiones son el día a día de su relación mientras el niño crece. Anteriormente, ustedes hacían cosas juntos como pareja y la comunicación era buena. Las discusiones acerca de la educación de los niños eran manejables porque la relación estaba funcionando. El perdón se otorgaba fácilmente. Diez años después, parece que la única comunicación que queda son las discusiones. En una relación difícil, los conflictos parecen más grandes que la vida misma. Estos absorben la esperanza de la relación como las sanguijuelas succionando la sangre. El rencor

y el resentimiento ocupan el lugar del perdón. Se vuelve más importante quejarse, el silencio o estar en lo correcto, que conectarse con el otro. Esta historia puede ser triste y al mismo tiempo representa una fotografía de la relación entre la disciplina y los vínculos afectivos. En la medida en que la conexión es más fuerte, la disposición de cooperar de cada una de las partes es mayor.

La disciplina viene de la palabra discípulo. Su raíz latina significa enseñar. En los momentos de conflicto entre las necesidades y los deseos de quienes están involucrados, surgen las oportunidades para disciplinar. Puedes querer y necesitar que tu hijo esté acostado a las ocho de la noche, pero tu hijo de 4 años quiere ver televisión hasta tarde. En el momento en que las necesidades chocan, se presenta la oportunidad para que los padres impartan disciplina. La manera en que resolvemos estas situaciones les enseña a nuestros hijos a resolver los conflictos para el resto de sus vidas. Para los niños, la disciplina tiene que ver con la forma en que los adultos les modelamos la manera de tratar a quienes no están de acuerdo con nosotros. La manera en que nos hacemos cargo de estas diferencias y las manera en que resolvemos los conflictos. En la medida en que el vínculo entre padres e hijos sea más fuerte, las posibilidades de que el conflicto sea resuelto en forma respetuosa es mayor.

Yo siempre he pensado que la disciplina es similar a la danza country llamada "dos pasos". La danza consiste en dos pasos: el lento-lento y el rápido-rápido. En el caso de la disciplina, el paso rápido-rápido de disciplina involucra hacer la pregunta "¿Qué hago o digo correctamente en este momento para resolver este problema?" El paso lento-lento involucra hacer la pregunta "¿Cómo mantengo mi relación tan sana como sea posible para que el deseo de cooperar esté en el nivel máximo?" Los rituales amorosos son el paso lento-lento para disciplinar a los niños.

AMOR INCONDICIONAL: RELACIONES VERSUS PREMIOS

Todos nosotros queremos dar amor incondicional a nuestros hijos, al tiempo que ponemos límites y condiciones a su comportamiento y a sus actividades. Constantemente estamos dando órdenes y recordando formas de comportarse: "Súbete al asiento del carro, ponte el cinturón de seguridad, termina tu tarea, recoge esos juguetes". Nos encontramos diciendo **No** repetidamente: "No puedes jugar en la calle, no puedes comer dulce, no golpees más a tu hermano". Parece que nos gastamos mucho tiempo diciendo o insinuando, "Si tu haces _____ entonces te va a pasar_____". Algunas veces las actividades divertidas que los niños hacen son utilizadas como premio; entonces, también se vuelven condicionadas: "Si terminas tu tarea, entonces puedes jugar con tus amigos".

Miremos, honestamente, un día con nuestros hijos. Tal vez nos demos cuenta de que la cantidad de atención incondicional que les damos a ellos es mínima. Piensa en todas las cosas que tú y tus hijos hacen. De toda esta lista mental elimina las cosas que sientes que tienes que hacer (como parte de la responsabilidad como padre o abuelo), las cosas que haces al sentirte culpable porque no cumpliste con tus obligaciones y todo el tiempo que gastas recordando o disciplinando a tus hijos. ¿Qué tanto tiempo queda solamente para disfrutar el uno del otro? ¿Cuántas interacciones son verdaderamente incondicionales?

Si tú. eres como yo, esas interacciones ocurren cuando el niño está durmiendo. En ese momento nos quedamos contemplando a nuestros chiquitos, y nos desbordamos de amor por ellos. Sin embargo, puede ser diferente lo que sentimos cuando se despiertan y están entretenidos en otras cosas en vez de vestirse.

Disciplinar y guiar el comportamiento de los niños son tareas difíciles para la mayoría de los adultos. Los rituales amorosos son una parte integral de cualquier aproximación que elijas para disciplinar. Tómate un momento y reflexiona cuidadosamente sobre la siguiente frase. *La motivación para comportarse bien surge del vínculo que existe entre las personas.* Históricamente, creíamos que para motivar a los niños a comportarse en la forma en que nosotros aprobamos, teníamos que hacerlos sentir mal. Les quitábamos privilegios, los enviábamos a "tiempo fuera", gritábamos, y sermoneábamos. Aproximaciones más modernas intentan motivar a los niños a comportarse a través de premios: "Si te subes al carro inmediatamente, te llevaré a McDonald's". Le ofrecemos a los niños bienes materiales, desde unas calcomanías hasta dinero, como premios por un comportamiento aceptable. Las investigaciones indican que los efectos colaterales de estos sistemas son letales para una sociedad democrática. Cuando los adultos gobiernan el comportamiento de los niños a través de motivadores externos, les están enseñando "el control extrínseco".

Una sociedad democrática necesita personas que tengan auto-control, que tengan un deseo intrínseco de cooperar. Los premios les enseñan a los niños a valorar los bienes materiales y a aproximarse a una tarea preguntándose "¿Qué hay ahí para mí?" También enseñan a los niños a enfocarse en el resultado ignorando el proceso. La meta no es aprender sino obtener la máxima nota, 10 o A en la libreta de calificaciones.

Escucho a muchos adultos preguntándose "¿Qué daño puede hacer dar premios? Esa es la forma como funciona el mundo. Yo obtengo mi salario por el trabajo que hago". Mi respuesta es: "¿A quién preferirías para construir tu casa, a la persona que está ahí solo para obtener su pago o a la persona que le

encanta construir y que obtiene pago por sus talentos?" Yo tuve al primero construyendo mi casa y todavía encuentro cosas para arreglar. Los premios reducen la motivación intrínseca en los niños. En esencia, eliminan la ética del trabajo.

Eric Jensen (1997), líder en relacionar sus investigaciones sobre el cerebro con la aplicación en la educación, estableció que el cerebro opera diferente cuando es motivado de forma extrínseca que cuando es estimulado de forma intrínseca. La ansiedad provocada por la amenaza de no obtener los premios que les ofrecemos a los niños, libera químicos en el cerebro que pueden inhibir la creatividad, la resolución de problemas y la memoria. Investigaciones recientes también indican que usar premios puede dificultar que los niños aprendan a retrasar la gratificación.

La mayoría de los adultos quieren que los niños sean miembros colaboradores de la familia. Queremos que los niños "elijan" comportarse bien y que estén internamente motivados a interesarse por los otros. Si nosotros sobornamos a nuestros hijos con bienes materiales para ser buenos, no les estamos enseñando a valorar el cuidado; les estamos enseñando a mirar fuera de ellos mismos. Si alguna vez has visto el noticiero de la noche y te has preguntado, "¿Cómo puede ser que una empresa esté más preocupada por las ganancias que por la seguridad de nuestra agua para beber?" o "¿Cómo puede ser que los negocios ignoren las necesidades de sus trabajadores para sacar un mayor provecho económico?", seguro que no querrás ser un padre/madre que se apoya en los premios para controlar a sus hijos. Tu insatisfacción te carcomerá hasta que llegues al punto de gritar "¡Debe haber una mejor manera!". Tenemos que asignar tiempo para darle atención incondicional a nuestros hijos con el fin de desarrollar relaciones sanas. Estas relaciones sanas se convierten en la base para que los niños estén motivados internamente a ser cuidadosos con los otros, y al mismo tiempo ser productivos. Podemos escoger lo anterior o confiar en los premios. La elección es nuestra.

El error común que los adultos cometen

Muchos nos encontramos a nosotros mismos cometiendo dos errores comunes para disciplinar. Estos son:

1. *Nos encontramos capturados por nuestras obligaciones y tareas y perdemos de vista a nuestros hijos hasta que ellos "se meten en problemas" (nos disgustan) o "hacen algo especial" (nos complacen). En estas ocasiones, los niños reciben atención exclusiva -negativa o positiva. Ninguno de estos dos tipos de atención es provechosa, ni sana. Los niños aprenden que para ser "amado" (esto es, para obtener atención), ellos tiene que comportarse mal o ser especiales. Estas dos posiciones requieren que sean peores que otros (en problemas) o mejores que otros (ganando). Mantenerse entre sentirse menos que otros o mejor que otros se convierte en un círculo vicioso.*

Irónicamente, una de las razones por las que los adultos se sienten atrapados con excesivas obligaciones es su necesidad de evitar la sensación de no ser tan buenos comparados con otros o de sentirse mejores que otros para mantener su autoestima. Para romper con este ciclo, los adultos deben hacerse cargo y establecer fuertes relaciones con los niños. A través de los rituales amorosos, los adultos pueden comenzar a sentirse en control de ellos mismos y responsables de los niños.

2. *Frecuentemente nos encontramos atrapados en patrones de interacción negativos con nuestros hijos. Mientras los niños crecen y desafían a los adultos que están alrededor de ellos, puede volverse normal la presencia de batallas constantes y no que éstas sean la excepción. Estas batallas pueden ser especialmente difíciles durante la infancia. Los niños pueden decir no o resistirse a lo que les dicen los padres nueve veces en una hora. Esta resistencia puede suceder por muchos días. Mientras estas batallas continúan, el día de por medio, la relación entre adultos y niños se vuelve tensa. Después de que las batallas han terminado, tanto adultos como niños frecuentemente se sienten culpables de sus acciones o de no actuar. De esta manera, la culpa se convierte en la emoción que prima.*

A una forma de educación permisiva siempre le sigue la culpa. Esta forma de educación es una epidemia en nuestra sociedad. Existe la tendencia a rendirse a las demandas de los niños, hacer excepciones a reglas previamente establecidas o a no cumplir las consecuencias, todo con el objeto de evitar el conflicto. Sin embargo, rendirse ante los hijos crea más problemas porque entrena a los niños a ser odiosos para obtener lo que ellos quieren. Al rendirnos, lo que decimos no quiere decir lo que decimos, ni decimos lo que queremos decir. Nuestra comunicación se vuelve deshonesta. Después de un tiempo, cuando miramos a los ojos de nuestros hijos y les decimos "te amo", ellos tampoco pueden confiar en que eso es lo que queremos decir. Sin confianza, el comportamiento de nuestros hijos se vuelve cada vez más demandante.

De modo que la pregunta es, ¿cómo podemos "construir" con nuestros hijos sin "rendirnos" ante ellos? ¿Qué va a sanar la relación después de haber cometido los errores? La respuesta es los rituales amorosos.

Cuando tu relación con un niño se ha vuelto desafiante, toma tiempo para rituales amorosos por la mañana y por la noche. En la medida en la que incorporas estos momentos de amor incondicional en tu relación, vas a estar invitando de nuevo a la cooperación. Estarás sanando activamente la relación al transformar la culpa, en vez de rendirte a tu hijo en un intento por buscar su perdón por acciones que juzgas descuidadas o inapropiadas.

RECLAMA TU PODER PATERNAL

Frecuentemente escuchamos decir que los niños necesitan aprender a respetar a la autoridad. Esta frase es verdad. Autoridad viene de la palabra "autor". Para encontrar quién tiene autoridad en una determinada situación, pregúntate, "¿Quién es el "autor" de esta experiencia para mi?". Si tu crees que tus hijos están enloqueciéndote, lo que estás diciendo es que ellos tienen el poder de crear tus emociones por ti. Ellos se convierten en los autores de tu vida. Tú les has dado la autoridad.

Recientemente estaba en el carro con un amigo, íbamos a ver una propiedad que él estaba interesado en comprar. En todos los semáforos, mi amigo se irritaba. Cuando estaba en rojo el protestaba, cuando estaba en amarillo se quejaba y cuando estaba en verde era sarcástico ("Bien, ¡ya era hora!"). Mi amigo estaba eligiendo enloquecerse por los semáforos. Yo pensé: "Esto es lo que hacen los semáforos". ¿Por qué quería ser un loco? ¿Por qué cedemos nuestro poder al tráfico, a los semáforos, a los niños y a los esposos? ¿Por qué es tan atractivo elegir ser una víctima?

En la medida en que crees que alguien o algo diferente a tu percepción te pone de mal genio, te hace feliz, triste o culpable es cuando has entregado tu poder. Si hay alguien a quien encargas de tus emociones, también lo encargas de ti. El lado positivo de esto es que consigues a quién culpar por tu molestia o por tu mal genio. Por otra parte, el lado negativo es que te sientes des-empoderado. Comienzas a creer que si otros pueden hacer que tú hagas cosas que no quieres hacer, entonces deberías ser capaz de hacer que otros se comporten de cierta manera también. Estas dos creencias son mitos.

La creencia de que los adultos pueden hacer que los niños se comporten o cambien es común. Esta presión crea un gran sentimiento de culpa en los padres, ya que hacer que otros cambien es prácticamente imposible. Recuerda que la culpa promueve una crianza permisiva. Ciertamente podemos amenazar a alguien para que se someta; no obstante, seguro que has conocido niños que no responden a las amenazas, a la remoción o pérdida de privilegios o a otras formas de control. No importa qué tanta presión ponemos en los niños para comportarse, al final es su elección someterse a nuestros deseos. Su decisión de cooperar depende de nuestra relación con ellos, no de nuestras estrategias manipuladoras.

El mensaje de que una persona puede hacer que los otros piensen, sientan y se comporten de cierta forma es algo que se enseña diariamente. Comentarios como "¡Mira lo que me hiciste hacer! Ahora voy a llegar tarde al trabajo" o "Mira cómo hiciste sentir a tu hermano, ¿te parece bien?", son muy comunes. "No me hagas llamar a tu padre" o "No me hagas quitarte el videojuego" son frases que se escuchan comúnmente en las familias. Cuando ponemos a una persona a cargo de otra, enseñamos el control de otro y no el autocontrol. El deseo de controlar a los otros, en vez de a ti mismo, se extiende a nuestros matrimonios y a nuestras relaciones con nuestros hijos. Esto destruye la comunicación y, como un tornado, deja desastre y devastación a su paso. Es momento de cambiar.

Para cambiar, primero debemos cambiar nuestras creencias y después cambiar nuestras prácticas. Respira profundo y afírmate: "La única persona que puedo hacer cambiar es a mi misma". Después, en vez de decir "¡Mira lo que me hiciste hacer! Ahora voy a llegar tarde al traba-jo", puedes decir "Me siento frustrado y avergonzado por llegar tarde al trabajo.

Necesito tu ayuda por la mañana para salir por la puerta a tiempo. ¿Me ayudas?". En vez de decir "Mira cómo hiciste sentir a tu hermano, ¿te parece bien?", puedes decir "¿Ves la cara de tu hermano? Parece triste" y así le enseñas a tu hijo a leer las claves no verbales de los otros. Esta forma de hablar recupera tu poder haciéndote autor de tus experiencias.

Cuando dejas de invertir energía en hacer que los niños se comporten de una cier-ta manera, te liberas para enfocarte en construir la relación que quieres tener con tus hijos. Tú serás el autor o la autora de tu vida. Ésta es la forma en la que enseñas a tus hijos a respetar la autoridad. Esta es la forma como modelas el auto-control.

Notar: instalando el cableado del cerebro de tu hijo para que obtenga autocontrol

El cerebro necesita retroalimentación. Todos los padres saben esto. Escucha a los niños buscar retroalimentación: "Mira mamá, puedo pararme en un pie. ¡Mira! ¡Mira!". Tan pronto los observas ellos dicen, "Mira, lo hago otra vez". Yo vivo en Florida. Me encantaría recibir una mone-da cada vez que escucho a un niño decir "¡Mírame saltar a la piscina!". La necesi-dad del niño de ser visto generalmente es mucho mayor que la paciencia que tienen los padres. Algunas veces la súplica del niño "sólo una vez más", suena como disco rayado.

El cerebro adora la retroalimentación porque la necesita para sobrevivir. En su libro, *Enriqueciendo la Herencia: El impacto del entorno en el cerebro (Enriching Heredity; The impact of the environment on the brain)*, Miriam Diamond presenta su investigación en la que subraya la importancia de ambientes estimulantes y enriquecidos para ayudar al desarrollo del cerebro. Su investigación reveló que los mejores cerebros son aquellos que reciben retroalimentación inmediata y de buena calidad. Entonces la pregunta es, "¿Qué significa una retroalimentación de buena calidad?" En general, las siguientes recomendaciones acerca de la retroalimentación te van a guiar para dar una retroalimentación más efectiva:

1. Entre más frecuente sea la retroalimentación que un niño recibe, mucho mejor.

2. En la medida en que la retroalimentación sea más específica, es mejor.

3. Entre más inmediata se dé la retroalimentación, mejor.

4. Si ves más y juzgas menos, es mucho mejor.

De lo que se tratan todas estas recomendaciones es de que "notes" a tu hijo. Si un niño está parado en un solo pie gritando "Mírame, mírame", nuestro trabajo como padres sería decir "¡Mírate, parado en un solo pie!". Si un niño salta a la piscina, podríamos decir "Lo hiciste. Saltaste a la piscina, de pie, con tus manos en alto, haciendo algo como esto". Esto no es lo que normalmente ocurre. Algunos padres miran y dicen "¡Aja!", mientras que muchos padres dicen "Buen trabajo amor" o "Ese fue un gran salto". Equivocadamente creemos que si reconocemos a nuestros hijos con juicios que les digan lo buenos, maravillosos, excelentes que son, estamos construyendo su autoestima. Este no es el caso. *Juzgar* las acciones de nuestros hijos ("¡Eres el mejor saltador de pie! ¡Ve y muéstrale a tu abuela lo bueno que eres!") es diferente de notar ("Mírate: tienes un pie levantado así y estas poniendo las manos a los lados de tu cuerpo justo así").

Imagina que tú estás jugando beisbol y es tu turno de batear. Te lanzan la pelota; haces el swing y haces un home run. El entrenador A te dice "Excelente golpe". El entrenador B te dice entusiasmado, "Te mantuviste con el ojo en la pelota y realmente cambiaste tu peso en la terminación. La sacaste del estadio." ¿Cuál de los dos entrenadores te ayudó a estar más consciente de ti mismo y de tu éxito, al tiempo que te dio la forma de repetirlo? Notar ayuda a que los niños estén conscientes de ellos mismos. Esta consciencia crea un cableado en el cerebro para el autocontrol. La retroalimentación es alimento para el cerebro. En contraste, los juicios ayudan a los niños a volverse conscientes de nuestro punto de vista y no del de ellos.

Nos damos cuenta de lo que hacen los bebés sin ninguna dificultad. Podemos escuchar a padres diciendo, "Observa este dedito pequeño". Si un bebé saca la lengua o hace algún sonido con sus labios, ¿qué hace el adulto? Lo imitamos; nos damos cuenta. En la medida en que el niño crece, nos damos menos cuenta y aumentan los juicios. Un niño de cuatro años, extrovertido, que dice "¡Mírame!" se transforma en un niño de ocho años que pregunta "¿Está bien? ¿Lo estoy haciendo bien?". Como profesora universitaria, siempre me sorprendí de la ansiedad que mostraban mis estudiantes. Ellos siempre estaban tratando de saber "qué era lo que yo quería". Preguntaban: "¿Cuántas páginas quiere?" o "¿Puede mirar mi trabajo para ver si estoy por el camino correcto?" Yo les respondía: "Escribe el número de páginas que necesites para decir lo que tienes que decir". Esto llevaba a muchos estudiantes hasta el límite de pensar que yo tenía una intención oculta. Ellos se sentían seguros de que yo tenía un ideal, un juicio de cómo debían ser las cosas y ellos se sentían inclinados a descifrar mi realidad, no la de ellos. Vivir la vida tratando de hacerlo acorde a los juicios de los demás es un viaje decepcionante que muchos de nosotros hemos viajado. ¿No sería mejor darle a nuestros hijos una herencia diferente? Podemos hacerlo al *notar.*

En la medida en que juegas a los rituales amorosos, aprovecha para notar a tus hijos. Observa su cara. Si ellos te miran, di "Tú me estás mirando fijamente". Si ellos levantan sus manos para jugar, nótalo diciendo, "Levantaste tus manos así" (imitando lo que hizo con sus manos). Si terminas el juego en una mano y ellos mantienen su otra mano, dile, "Alzaste la otra mano". Si sus

caras se iluminan con gusto, nótalo. Dile a tu hijo, "Tus ojos crecieron y tus cejas se levantaron así" (haz con tu cara los movimientos y la cara que está haciendo tu hijo).

¿Alguna vez has sentido que le has dado a tu hijo mucha atención y pareciera que no fuera suficiente? ¿Sientes que siempre te está pidiendo más? Cuando los niños reciben atención en forma de notar, se sienten inmensamente satisfechos. Es la forma de ver el reflejo de la belleza que son. Los rituales amorosos te dan la oportunidad de ver a tus hijos verdaderamente.

Notar es simplemente decir lo que ves. No involucra un juicio de valor acerca de lo que observas. Simplemente describe. Esta es una habilidad difícil de aprender para los padres. La mayoría de nosotros fuimos educados con juicios y nos esforzamos, hasta hoy, para vivir con esos estándares imaginarios. Practica el notar mientras tú y tus hijos desarrollan una dieta rica en rituales amorosos.

La conexión entre los Rituales Amorosos y la Disciplina

La mayor parte del mal comportamiento de los niños es simplemente niños siendo niños. Los niños evalúan los límites. Es parte de la descripción de su cargo. A través de esta evaluación, descubren los límites de la vida. Descubren cuál es el comportamiento aceptable en ciertas situaciones y cuál no. Así como un niño no posee una noción real del tamaño, color y características de un elefante solo por leer sobre ellos, no puede saber que algo está mal o equivocado sin experimentarlo. Simplemente, esto es así. Esta evaluación constante y repetida puede ser difícil hasta para el más paciente de los padres. Adicionalmente, los niños se portan mal cuando tienen una necesidad emocional insatisfecha. Esto es verdad para todas las personas. Los adultos hacen lo mismo. Si creemos que nuestra pareja está siendo desatento, haremos maniobras realmente tontas para obtener su atención. No todos estos esfuerzos se pueden categorizar como sanos y saludables. Cuando los niños se sienten ofendidos emocionalmente, se vuelven demandantes, buscando atención de la forma que esté a su alcance. Cuando están así, nosotros buscamos hacer que se comporten bien. Al comportarnos así, lo que logramos es crear más distancia en la misma medida en que los niños están más defensivos y resistentes a nuestras tácticas de control. Si este ciclo continúa sin freno, tanto padres como hijos se sienten cada vez más descontrolados y desempoderados. El desempoderamiento genera resentimiento y culpa. Las dos partes se sienten maltratadas y tratadas injustamente. Los niños generalmente dicen, "No es justo", mientras que los padres dicen, "No voy a permitir esta falta de respeto". Esta instancia conduce a un conflicto mayor.

El siguiente cuadro resume el ciclo vicioso de la desconexión emocional que puede ocurrir entre padres e hijos.

El niño tiene una necesidad emocional insatisfecha (El niño siente que no es amado y que no lo ven)

El niño exige atención (Atención negativa es mejor que nada)

Los padres buscan hacer que el niño obedezca (A través del miedo, fuerza, coerción o manipulación)

El niño se vuelve defensivo (Comportamientos comunes como quejas, lloriqueos y desobediencia)

La relación comienza a estresarse (Dependiendo de las necesidades emocionales insatisfechas. Y el ciclo repite)

Los rituales amorosos pueden romper este ciclo creando espacios en la vida familiar que garantizan la disponibilidad emocional. Con esta seguridad, la resistencia, las luchas de poder y la desobediencia disminuyen drásticamente. Si constantemente escuchas a tu hijo decir, "No me importa" o "Tú no me puedes obligar…", es momento de romper el ciclo. Pon a tu hijo en el primer lugar de tu lista de tareas y asigna un tiempo especial en tu día para los rituales amorosos.

Capítulo 3

Para empezar y garantizar el éxito

"Estas son solamente pistas y conjeturas, pistas seguidas por suposiciones; el resto son oraciones, observaciones, disciplina, pensamiento y acción."

-T.S. Eliot

Una cosa es amar a nuestros niños y otra es que nuestros niños perciban la profundidad de nuestro amor por ellos.

Los rituales amorosos están diseñados para comunicar amor a tus niños. Muchos de nosotros hemos oído comentarios tales como "Sí, te quiero. Ahora vete a jugar". Las palabras están ahí, pero algo falta. En el lenguaje de "rituales amorosos" se diría algo como "Me emociono con tu presencia, sé lo valioso que eres y, cuando pienso en ti, veo cómo creces, cambias y te desarrollas". Para asegurarse de que estas frases sean demostraciones de amor verdaderamente efectivas, se deben hacer dos cosas:

1. *Tener presente nuestro propósito. El objetivo de estas actividades es crear vínculos de unión afectivos con nuestros niños. Estos rituales nos permiten regocijarnos o disfrutar de la mu-tua compañía, experimentar la belleza interior de cada uno y deleitarse con las expresiones de amor que podemos dar. No se trata de enseñarles a los niños a conocer las partes de su cuerpo o hacia qué dirección orientarse cuando se les dice "arriba o abajo". Con el aprendizaje de estas cosas se cumplen sub-metas, pero el objetivo final es crear lazos de unión. Relájate, diviértete, haz bromas, canta, sé tú mismo y comienza a confiar en que todo estará bien.*

2. *Estar completamente presente para nuestros hijos. Esta frase parece maravillosa y es nuestra meta, pero ¿cómo lograrlo? Para estar totalmente presente, se deben hacer varias cosas específicas:*

Sé consciente del momento. Simplemente, tu mente debe estar libre de preocupaciones, despejada. No puedes estar pensando en qué hacer de comer, en cómo cumplir con la entrega de un trabajo y también en cuál es la siguiente estrofa de una canción. No debes hacer de esta rima una trampa para hacer que tu hijo se vaya a la cama. Esta distracción en tu mente hace que te alejes del momento. Los niños sienten tu distanciamiento psicológico y generalmente piensan que se debe a algo inherente a su valor. El mensaje que reciben no es "Yo soy amado", sino, "No vale la pena estar conmigo. Yo soy una carga."

Tú y tu hijo se deben sentir lo suficientemente satisfechos y lo suficientemente buenos y merecedores de esta preciosa interacción. Haz cualquier cosa que sea necesaria para suprimir cualquier inseguridad tuya o del niño que pueda interponerse en su relación durante esos pocos minutos. El amor es recibido y entregado solamente por quienes se sienten merecedores de él. Esto significa que para poder dar y recibir amor, debes valorarte a ti mismo y a tu hijo. Si fuera el caso, pretende que eres un padre perfecto con un niño perfecto, haciendo una actividad perfecta en el momento adecuado, así hayas olvidado las rimas. Si olvidas parte de la interacción, continúa con algo nuevo que te inventes en el momento.

Sé tolerante. Si por cualquier razón te sientes fastidiado o molesto mientras están jugando, detén el juego. Si te sientes molesto es una señal de que tu hijo no ha cumplido con alguna de las expectativas que tenías de él o de ella. Tienes en tu mente una imagen de cómo se supone que debe ser el juego y ahora encuentras que está sucediendo algo diferente de lo que habías planeado.

Los objetivos de los rituales amorosos no son que tus hijos llenen tus expectativas. La meta es que jueguen unidos, compenetrados, para que experimenten una aceptación total el uno del otro. No importa cuál sea la dirección que tome la interacción.

Como conclusión, para estar totalmente presente en el momento, tienes que poner tu mente en el mismo lugar donde está tu cuerpo, despejándola continuamente de los constantes parloteos interiores sobre lo que tiene que hacerse y lo que se ha hecho. Debes amarte a ti y a tu hijo y aceptar lo que sea que pase como lo que era perfecto para ese momento. El momento presente es donde encontramos el gozo. Si tu vida carece de gozo, te estás perdiendo el momento.

Pasos para jugar a los rituales amorosos

PASO 1: Lee muy bien el juego y asegúrate de que lo entiendas bien. Si el juego contiene una rima, apréndetela. Tú y tu hijo pueden hacer esto juntos. Le puedes decir, "Esto parece divertido. ¿Quieres hacerlo conmigo?"

PASO 2: Selecciona la hora y el lugar que vas a destinar para los juegos. A la mayoría de los niños les gusta mucho saber cuándo y dónde van a recibir esta atención personalizada. Algunas oportunidades pueden ser al despertarse, al decirse adiós o cuando vuelven a estar juntos después de un periodo de separación, durante la hora de la noche en que se reúne la familia o a la hora de ir a dormir.

PASO 3: Responde a las pistas que te den tus hijos. Aprende a interpretar los mensajes ocultos que se derivan de sus acciones. Los pequeños solamente se pueden comunicar a través de sus acciones: todavía carecen del vocabulario, el entendimiento, o la conciencia para expresarse de alguna otra manera. Puedes comenzar un juego y, en el momento menos pensado, habrán creado un juego completamente nuevo que pertenece exclusivamente a ustedes dos. La intención de estos juegos no es que los sigas al pie de la letra. Siéntete en libertad de modificarlos.

PASO 4: Sé consciente de la diferencia entre lo que yo llamo que un niño tenga iniciativa y que un niño quiera tener el control. En algunas ocasiones, los niños dan ideas para controlar la relación y, en otras, para contribuir a la relación. Intuitivamente te vas a dar cuenta de la diferencia. Cuando te das cuenta de que el niño te está controlando, sientes cierto malestar interior. Tú eres el que está a cargo de la situación. No dejes que el niño te controle. Los infantes de dos y tres años están permanentemente tratando de controlar la relación y por lo tanto, el mundo. Si un niño te dice, "vamos a jugar_____" y supuestamente tienes que hacer lo que él diga", le puedes responder, "Esta es una idea maravillosa. Yo voy a hacer mi parte de esta manera y tú puedes hacer la tuya como quieras." Simbólicamente, el niño está preguntándole "¿Estoy a cargo de ti y al mando de la relación entre nosotros?". Tu respuesta será amorosa y gentil y es, "No cariño, yo estoy a cargo". Responder a las indicaciones de los niños no es lo mismo que dejar que ellos te controlen. Tu deber como adulto es establecer los parámetros del juego; el trabajo del niño es ser lo más creativo posible, dentro de esos parámetros. Explorando todos estos asuntos juntos, y a manera de juego, notarás una disminución en la lucha por el poder cuando estén fuera del juego.

PASO 5: Relájate y disfruta.

Aprendiendo el lenguaje de los niños pequeños

Para ser receptivos con los niños, debemos aprender a escuchar el lenguaje de sus juegos. Esto significa comprender el verdadero significado de sus acciones, no solamente de su comportamiento. La doctora Viola Brody me enseñó mucha de esta información a través de sus libros, talleres y de lo que compartí personalmente con ella. Los siguientes son juegos comunes que los niños pequeños inician para comunicarse contigo. Es muy importante que aprendas a responder a lo que ellos están tratando de expresar verdaderamente.

"Escondidas" o "peek-a-boo": Si el niño comienza el juego de "escondidas", simbólicamente está queriendo decir: "No me estás viendo, ¿te importa si no estoy? ¿Te intereso tanto como para buscarme?" El juego puede iniciarse cuando el niño se aleja de ti, aparta la mirada o se cubre la cara. El juego pone al niño en control de cuándo puede ser encontrado, lo cual reduce en algunos pequeños la ansiedad acerca de la vida. Si el niño está experimentando muchos cambios, lo verás iniciando esta clase de comportamiento en diferentes formas. A muchos de los niños de dos años que se encuentran trabajando en varias tareas de su desarrollo, les encanta iniciar juegos de "escondidas" justo en el momento en el que estás apurado para salir de tu casa a una cita. Ellos interpretan estos apuros constantes como "Yo no tengo tiempo para ti; no te quiero". Inician el juego como una manera de decirnos: "Necesito saber si todavía me quieres y si te importo lo suficiente para venir a buscarme".

Algunas otras veces los niños pueden correr a esconderse cuando les dices, "Es hora de acostarse". En ese punto puedes permitirte estar un poco disgustado, o decir: "¿A dónde se fue Carlitos? ¡Lo amo tanto! ¡Me va a hacer mucha falta! Es posible que no lo vuelva a ver", y luego pretender que estás llorando. Cuando Carlitos aparezca de nuevo, ponte muy contento y dile "Aquí estás. Este es mi niño precioso. Te extrañé. Te quiero mucho." Simultáneamente tómalo en tus brazos, llévalo a su cama y comienza a leerle o a hacerle su rutina de la hora de dormir. Para cerciorarte de que este juego no se repetirá a la noche siguiente, abraza a Carlitos cuando le anuncies que es hora de ir a su cama.

Si no dispones de un tiempo para los rituales amorosos con tus hijos, ellos forzarán el asunto de una manera creativa, seleccionando comenzar juegos como "escondidas" en los momentos más inapropiados. Me he dado cuenta de que es mucho mejor buscar el tiempo para organizar estas actividades, en lugar de que los niños las impongan.

Tú decides cuándo vas a jugar y le haces una invitación al niño para que se te una. Tú eres el jefe. De esta manera, si el niño decide comenzar un juego de "escondidas" cuando están en la oficina del médico, le puedes decir: "No es el momento de jugar. En este momento vamos a ver al doctor. Puedes escoger entre entrar solo o darme la mano".

"A que te atrapo ratón": El significado de este juego es similar al de "escondidas". El niño está diciendo simbólicamente "¿Te diste cuenta cuando me fui? ¿Te intereso lo suficiente para salir tras de mí? ¿Me extrañas? "A que te atrapo ratón" pone al niño en control. De manera que, en los casos en que tu hijo se esté sintiendo impotente y no tenga poder de decisión en determinada situación, ten mucho cuidado. Tu hijo puede comenzar a jugar "a que te atrapo ratón" en un supermercado o en un estacionamiento. Para impedir que el niño comience a jugar en el momento inapropiado, organiza su vida de forma que estos rituales sean parte integral de su día. Con niños pequeños, hazte cargo iniciando el juego en tu casa o tu jardín. Dile: "Te voy a alcanzar" o "a que te atrapo ratón" y, cuando lo alcances, dile: "Te tengo. Corriste y yo fui detrás de ti. Te extrañé. Me encanta estar contigo". En caso de que el niño comience el juego en momentos inapropiados (en el supermercado o en el parqueadero), haz dos cosas:

1. *Sujeta al niño y dile muy firmemente: "Tu saliste corriendo, y yo salí detrás de ti. Es muy peligroso jugar "a que te cojo ratón" en un almacén. Algo te puede pasar. Yo soy tu padre/madre y mi deber es mantenerte seguro. Quédate a mi lado.*

Dame la mano y camina conmigo. Me asusto mucho cuando corres. Pensé que te había perdido. Mi corazón se hubiera roto".

2. *Reestructura tu experiencia de hacer compras de tal manera que tu pequeño no pueda salir corriendo de nuevo. Sienta al niño en el carro de las compras y asígnale tareas en las cuales él pueda ayudar en algún oficio que requiera la familia.*

Recuerda siempre jugar "a que te atrapo ratón" bajo tus condiciones y en la seguridad de tu casa o de tu jardín. El juego es importante y a los chiquitos les gusta jugarlo. La elección se convierte en: ¿Quieres jugar bajo tus condiciones o bajo las de ellos?

Jugar a ser bebés: Algunas veces tus hijos sugieren un juego que consiste en ponerse en posición de bebés. Esto sugiere que confían en ti para cuidarlos. Se sienten lo suficientemente seguros para bajar la guardia –es tan agradable sentirse abrazado, poderse relajar y no tener que actuar de cierta manera para poder complacer a otros. Un niño puede estar preguntando simbólicamente: "¿Me quieres lo mismo que al nuevo bebe?" Estos niños están añorando volver a la época en la que no tenían preocupaciones ni responsabilidades. La respuesta de la mamá debe ser arrullarlos, cantarles, consentirlos y tratarlos como si fueran bebés, no importando la edad que tengan. Algunas veces, los niños "lloriquean" para hacernos ver que necesitan atención individualizada de parte de sus padres. Pueden estar

queriendo decir: "Quisiera ser como cuando fui bebe y tenía la su atención todo el tiempo". Para ayudar a los niños que "lloriquean", añade el ritual de amor que llamamos "Crecer" (pg 77), a su rutina usual de la hora de dormir. Si nosotros suplimos las necesidades de nuestros hijos en nuestros propios términos, ellos no tendrán necesidad de llamar la atención inapropiadamente.

"Estoy dormido": Un niño que juega esto puede estar indicando una de dos cosas. Puede estar queriendo expresar, "Me siento tan confortable y tan relajado como para quedarme dormido", o puede estar tratando de controlar la situación tratando de comunicar: "Esta situación es aterradora para mí. Estoy muy asustado y esto no está llegando a donde yo quisiera." "Esto es verdaderamente abrumador para mí. Cuando yo me vaya, ¿te irás tú también?" Tu respuesta debe ser permanecer con el niño y no dejarlo solo en ese momento. Mécelo y cántale. Un niño que pretende que está dormido en momentos inapropiados está queriendo decir, "No estoy recibiendo la atención que necesito de tu parte. Me siento invisible. Te necesito presente conmigo". Practica trayendo tu mente de donde se encuentre en ese momento y concéntrate en prestarle atención a tu hijo.

"Tomando partes del cuerpo": Si el niño comienza a decirte que quiere "robarte" partes de tu cuerpo (como cuando juega a "tengo tu nariz"), puede ser una indicación de que el niño te quiere tanto como para querer ser parte tuya. El mensaje para la interacción entre los dos podría ser: "¿Está bien que yo te quiera tanto?" Tu respuesta debe ser comenzar a seguirle el juego diciéndole: "¿Dónde tienes mi nariz? No puedo oler". Y continuar tomando partes del cuerpo del niño: "Tengo tu oreja, te puedo oír hablando en mi cabeza". Los secretos para compartir y estar en el momento con el niño son las tonterías y los placeres.

Alcanzar y tocar a un adulto: Cuando un niño comienza a tocarte, significa que aprecia mucho la relación contigo. Se siente a salvo en tu compañía. Tu respuesta debe ser dejarle saber al niño que aprecias el contacto. Esto lo puedes hacer verbal o no verbalmente. Por ejemplo, le puedes decir: "Te acercaste y tocaste mi pelo: Eso realmente me gustó". Tu reconocimiento de las acciones del niño le ayudará a tomar conciencia de sí mismo. En la medida en que tomamos conciencia de nosotros mismos, incrementamos nuestro autocontrol; por lo tanto, estas afirmaciones son importantes para ayudar a nuestro hijo a desarrollar su inteligencia emocional.

Repitiendo juegos que les han gustado mucho: Cuando los niños quieren repetir juegos están diciendo: "Me interesa mucho lo que hemos hecho juntos. Nuestro tiempo para jugar es importante para mí, y lo recuerdo muy bien. Me divertí mucho, y me gustaría continuarlo." Su respuesta debe ser estar dispuesto y receptivo a las sugerencias del niño. Le puede decir "yo también recuerdo ese juego," o "Me divertí mucho jugando ese juego contigo. Lo podríamos repetir a la hora de dormir".

Usando rituales amorosos para niños que se encuentran bajo estrés

El cerebro está muy bien dotado para sobrevivir. Cuando eras niño aprendiste muy rápidamente las cosas que necesitabas para sobrevivir, tales como comer, hablar, caminar. El tallo cerebral es la parte de tu cerebro que dirige tu comportamiento cuando te encuentras bajo estrés negativo. El estrés negativo es el estrés sobre el cual sientes que no tienes ningún control. Si en una familia de cuatro miembros, el papá es transferido a un trabajo en otra ciudad, eso puede producir diferentes tipos de estrés para los otros miembros de la familia. Si al papá le hacen un acenso en el trabajo y está muy ilusionado y contento con su nuevo empleo, estará expuesto a un estrés mínimo o moderado. Ese estrés será una motivación para él. Si la mamá siente que ha sido forzada a dejar el trabajo que le gusta y, además, sin posibilidad de empleo en el sitio nuevo, su estrés será negativo. Si el más pequeño de los hijos es menor de tres años, va a sentir todas las emociones de sus padres y se va a sentir abrumado. Si el hijo mayor tiene once años y piensa que va a dejar a sus mejores amigos de por vida, el estrés será negativo. El estrés se siente en una situación específica y puede ser negativo o positivo dependiendo de nuestras percepciones y del nivel de desarrollo.

El estrés negativo, primero, ocasiona que el cuerpo libere adrenalina en el torrente sanguíneo, esto inmediatamente incrementa el ritmo del corazón, debilita el sistema inmune y deja al cuerpo listo para respuestas de fuga o lucha. El cerebro se pone en modo de supervivencia: se vuelve menos capaz de planear, de recibir información y de resolver problemas. Perdemos la destreza para realizar cualquier pensamiento de orden superior. En otras palabras, nos volvemos defensivos, resistentes a los consejos de otros y tal vez quejumbrosos; reducimos el contacto visual y nuestra capacidad para conectarnos con otros. Podemos reaccionar, o bien marginándonos de los demás, o respondiendo de manera muy agresiva. La actitud que adoptamos puede ser la de "Te lo advertí" o "¿Por qué molestarse?¿Para qué tratar?".

Cinco minutos después, se produce una descarga de una sustancia llamada cortisol, con la esperanza de que se restablezca de nuevo el equilibrio en el cuerpo. El cortisol actúa contrarrestando completamente los efectos de la adrenalina, cuando ya ha pasado el estrés. Sin embargo, esta sustancia está diseñada para permanecer en la corriente sanguínea solamente por periodos muy cortos de tiempo. Si el estrés continúa, el cortisol también lo hace tratando de remover el exceso de adrenalina. Los efectos de esa sustancia por periodos largos son devastadores para una parte del cerebro llamada el hipocampo, tanto, que tiene la capacidad de destruir células cerebrales que se utilizan en los procesos de aprendizaje, memoria y emociones.

Los pacientes que sufren de Alzheimer, tienen el hipocampo de su cerebro significativamente más pequeño que el de los adultos que no tienen esta condición. El estrés nos afecta continuamente. Un poco de estrés nos motiva con frecuencia. Un poco más de estrés es tolerable con la ayuda y el soporte de nuestros seres queridos, quienes constantemente nos aseguran que todo está bien. Un estrés moderado perjudica nuestra habilidad para tener buenas relaciones con los demás, y un estrés crónico nos desconecta completamente de los otros dañando nuestra habilidad de sentir empatía por ellos y de resolver problemas.

La principal diferencia entre realizar los rituales amorosos entre niños que están bajo estrés permanente y aquellos que tienen pocos factores estresantes en sus vidas, es la manera como cada uno responde a los juegos. Los niños que se sienten relativamente seguros de sí mismos y del mundo que los rodea, disfrutan los rituales amorosos y responderán a sus intentos de iniciar un juego con verdadero deleite. Esos niños que se encuentran bajo mínima cantidad de estrés van a buscar con más intensidad jugar a los rituales amorosos, que están diseñados para terminar con el estrés en el cuerpo. Usted oirá "juguemos otra vez" muchas veces seguidas.

Los niños que están abrumados o con estrés crónico pueden negarse a iniciar un juego o no mostrar ningún indicio de estar contentos. Yo me he dado cuenta que los rituales de amor son maravillosos para todos los niños pequeños, pero son especialmente útiles para aquellos que están experimentando desafíos.

El estrés que siente un niño de cuatro años es muy diferente del que puede sentir un adulto. El no ser invitado a la fiesta de cumpleaños de un amigo, no poder colorear cuando lo desee o tener que ir a la cama sin poder ver su video favorito, puede significar haber tenido un día muy malo para un niño en edad preescolar. El simple hecho de estar resolviendo problemas inherentes a su desarrollo puede causar estrés a niños de quince meses a tres años. Están pasando de ser dependientes a independientes en muchas áreas y, además, están comenzando a aprender a ir al baño por su cuenta. Los rituales amorosos son esenciales para ayudar a las dos partes a manejar exitosamente el periodo de "los terribles dos años ".

Los rituales amorosos y los niños que han experimentado un estrés crónico severo

Los rituales amorosos son esenciales para profesores, niñeras o padres de niños que han experimentado mucho dolor durante sus vidas. Niños que están heridos corren el riesgo de convertirse en niños que odian. Los niños que están heridos son maravillosos, pero algo muy triste o doloroso ha ocurrido durante su vidas. Son ansiosos y temerosos; han perdido la confianza en los adultos o probablemente nunca la han tenido. Sin una relación de confianza en alguien, los niños pierden la confianza en sí mismos, en otros y en el mundo entero, y se quedan bloqueados en actitudes y acciones auto defensivas.

Estos niños pueden vivir enojados, ser hostiles, pueden permanecer alejados o pueden estar siempre a la defensiva. Individualmente, es muy difícil lidiar con ellos y, como parte de un grupo (en la guardería o en el colegio), constituyen un verdadero desafío hasta para el mejor de los educadores.

Con mucha frecuencia, los niños que están experimentando estrés crónico, han perdido a alguien con quien tenían un vínculo muy fuerte. Situaciones de mucho estrés en sus vidas pueden ser: el divorcio de sus padres, la muerte, que sus padres tengan matrimonios infelices y tensos, la adopción, que se les cambie con mucha frecuencia de colegio, que tengan problemas de salud (infecciones de oído, que hayan sido bebés prematuros, hospitalizaciones o accidentes), suicidio de uno de sus padres, y pobreza -todo lo que conlleva el mensaje de que la vida no es segura.

Algunas relaciones familiares están fuertemente infectadas de rechazo, críticas, violencia y negligencia. Cuando el mundo se vuelve abrumador para los niños, ellos asumen que no son importantes para nadie. Internalizan esos sentimientos y deciden que no se puede confiar ni en los adultos ni el mundo. Los niños que sufren provienen de todas las condiciones sociales. Sus comportamientos inadecuados son súplicas para ser aceptados y amados incondicionalmente y para ser guiados o conducidos adecuadamente.

La buena noticia es que los niños que han experimentado estrés crónico pueden sanar. Esto no se logra a través de conversaciones o acciones disciplinarias específicas, sino de la relación que tú puedas establecer con ellos. La mayoría de estos niños nunca ha establecido vínculos de unión sanos con un adulto y luchan para no establecer conexión con otros. Su meta es controlar, no comprometerse con otros. Se resisten a que sus padres intenten establecerles límites. Como consecuencia, su relación con la autoridad no es saludable y continuará siendo igual hasta que un adulto intervenga. Los niños que han experimentado estrés crónico necesitan de un adulto que esté dispuesto a asumir un compromiso por ellos.

Para ayudar a curar a estos niños de sus heridas, un adulto humanitario necesita construir una relación basada en la aceptación y en el amor. Si alguna vez has vivido en un área que ha experimentado una sequía, habrás notado que la grama se vuelve carmelita y deja de crecer. Cuando riegas el piso seco, la tierra se resiste a recibir el agua que tan desesperadamente necesita. El agua se queda encima casi como si fueran gotas de aceite; pero, si se continúa inundando el área, la tierra deja de ejercer resistencia y comienza a absorberla. Los niños que están heridos están sufriendo de una sequía emocional. En un comienzo pueden resistirse al primer amor que les ofreces. Esa resistencia la pueden expresar verbalmente, como cuando dicen "eso es para bebés", o físicamente, como

cuando miran hacia la distancia, se alejan o se hacen los dormidos. A medida que los vamos llenando con nuestra persistente dedicación a su belleza, su resistencia va desapareciendo y aceptan nuestro amor. El último cometido consiste en establecer y desarrollar una relación basada en la aceptación. Esta nueva relación capacitará a los niños para cambiar el concepto que tienen de sí mismos y, por último, la apreciación que tienen sobre el mundo, lo cual conducirá a cambios en su comportamiento.

Yo creo que estas actividades son esenciales para que niños pequeños que han experimentado estrés crónico puedan interactuar exitosamente cuando se encuentran formando parte de grupos, como en el colegio. Los niños que han estado sometidos a niveles mínimos de estrés, ven a los otros niños como posibles amigos, mientras que los que padecen de estrés crónico están agobiados. Creen que no hay suficiente amor, tiempo, dinero o cualquier otro recurso a su alrededor. Ven a los otros niños como rivales en competencia por quedarse con los escasos recursos existentes y, por lo general, tienden a entablar peleas con los otros en lugar de cooperar.

No todos los niños han experimentado estrés crónico ni han tenido desafíos significativos en sus vidas, pero los números están creciendo. Si tienes tiempo, vuélvete voluntario. Lleva este libro al colegio más cercano e involúcrate. Comienza por leer cuentos a los pequeños y aprovecha el resto del tiempo que tengas destinado para ellos en establecer rituales amorosos. Tu contribución a la humanidad será enormemente apreciada.

Elementos que debe recordar cuando está jugando con niños que han experimentado desafíos.

💙 **1.** El adulto está a cargo; es el líder en los juegos. Los juegos se redefinen después de que ha habido interacción entre el padre y el hijo y requieren que las dos partes se involucren en los rituales, siempre liderando el adulto. Parecería muy tonto de parte de un padre mirar a su hijo de cuatro meses y preguntarle: "¿A qué jugamos? "o ¿Cómo jugamos esto?". El adulto tiene que iniciar la interacción y continuar con entusiasmo durante todo el tiempo que se logre mantener la interacción. Estar a cargo requiere que el adulto permanezca pendiente del niño, independientemente de cuál sea la respuesta de este. Usar el modelo de respuestas en la sección de este libro titulada *Aprendiendo el lenguaje de los pequeños* te ayudará a mantenerte a cargo.

💙 **2.** Permanece divertido. Cada actividad, independientemente de que sea aceptada por el niño o no, debe estar rodeada de mucha diversión. Cuando un niño está luchando por evitar que lo vistas, tu respuesta como persona responsable debe ser hacer de esta situación un juego -cantando, haciéndole cosquillas, tratando de tranquilizarlo o emitiendo sonidos al ritmo de sus movimientos. No se consigue nada con ponerse furioso por la resistencia del niño a dejarse vestir; sólo se logra debilitar la confianza del niño en la seguridad de la relación.

Lo mismo sucede con los rituales amorosos. Algunos niños se resisten a divertirse. La función del adulto es desconectarlos del control que quieren ejercer y tratar de introducirlos en los juegos, sin importar la respuesta de los niños. Los niños que han experimentado desafíos en su vida pueden convertir esas interacciones en juegos como: "Escondidas" o "Busca y encuentra". Como lo mencionamos anteriormente, los niños necesitan reafirmar su confianza y para ello buscan permanentemente la respuesta a preguntas tales como "¿Me quiere lo suficiente para buscarme?" o "¿Si me voy me abandonará?". Necesitan oír una y otra vez de tu parte respuestas como "Yo te encontraré. Nunca te dejaré". Esto pasa con más frecuencia en niños que han sido adoptados.

💙 **3.** Sin heridas. Mientras el adulto está encargado, debe crear una atmósfera de seguridad y tranquilidad. Los juegos requieren de un toque gentil de cariño: no se permiten golpes o heridas de ninguna naturaleza. Si el niño trata de lanzarte un golpe, impídelo en lo posible y dile: "Sin golpes. Yo no te voy a pegar y no voy a permitir que tú me pegues". Una vez que hayas establecido el límite, continúa con el juego.

4. Permanezcan juntos. Permanece cerca del niño. Estas interacciones son juegos íntimos, amorosos. En algunas ocasiones puedes pensar, "Este niño podría hacer esto sin mí. Le acabo de enseñar a jugar con sus deditos". El objetivo de los rituales amorosos no es el de enseñar a los niños a recitar, a bailar o a cantar. Es el de crear vínculos que los conecten.

5. Sujeta a tus niños con firmeza. Con una de tus manos, sujeta su antebrazo firme y gentilmente. Retira tu mano. Recuerda el sitio donde pusiste tu mano para sujetar el antebrazo y la firmeza que ejerciste. Esta es la misma que debes utilizar cuando vayas a sujetar al niño. Recuerda estar pendiente de las sugerencias que te hacen los niños. Cuando se sujeta un niño de la manera descrita, el cuerpo libera las hormonas de crecimiento de los nervios que mencionamos en el capítulo primero.

6. Posibles efectos de hacer cosquillas. Las cosquillas pueden cruzar muy fácilmente el límite entre la diversión y una forma de agresión. Muchos de nosotros experimentamos ese fenómeno cuando éramos pequeños. Niños que han tenido desafíos pueden malinterpretar las cosquillas. Pon mucha atención a sus respuestas. Cuando digan "No" significa que quieren parar el juego, aun cuando continúen riendo.

7. No te des por vencido con el niño. Algunos pequeños que muy tempranamente han experimentado retos severos suelen ser resistentes a los juegos en un principio. Continúa siendo juguetón y cariñoso. No permitas que las respuestas de los niños te hagan renunciar a tus intentos.

Si decides participar en un maratón, probablemente no vas a correr las quince millas inmediatamente. Comienza poco a poco, quizás caminando hasta la esquina y regresándote. Algunos niños necesitan que comencemos lentamente y que seamos persistentes y consistentes. Tú conoces a tus hijos. Los juegos son divertidos; algunas veces sólo necesitamos traspasar las paredes que ellos crean como autodefensa para lograr sacarles su alegría.

Una profesora de segundo grado compartió con nosotros una historia muy dolorosa y desafiante que le ocurrió a uno de sus alumnos. Gary entró al preescolar de una escuela pública. Inmediatamente fue catalogado como un niño con problemas. Durante sus primeros dos años de colegio, Gary fue diagnosticado pero no recibió ninguna ayuda. Su comportamiento y sus capacidades académicas fueron empeorando con el tiempo. Cuando entró a segundo grado, su profesora decidió comprometerse a establecer una buena relación con él. Todas las mañanas, cuando Gary llegaba al colegio, la profesora tomaba su cabecita entre sus dos manos y le decía: "Estoy tan contenta de que estés en mi clase".

Gary se alejaba, murmuraba algo para sí mismo y se encogía de hombros, como si no le importara en absoluto el gesto ni las palabras de la profesora. Sin embargo, el trabajo escolar que realizaba Gary mejoró mucho ese año, hasta el punto que aprendió a leer a pesar de los desafíos que tenía que afrontar en su casa. La profesora continuó ese ritual de amor durante 179 días de los 180 del año escolar. Ninguno de esos días Gary hizo la más mínima demostración de que ese ritual tuviera algún significado para él o que le importara recibirlo o no. La profesora, comprometida con Gary, persistió en su deseo de conquistarlo. El último día de colegio ella estaba muy ocupada con la fiesta de despedida del año y olvidó su ritual para Gary. Por primera vez en la vida escolar de Gary, él buscó a otra persona para iniciar contacto y hablar. Caminó y se estrechó contra la profesora. Le tocó el cabello y le dijo: "Olvidaste nuestro contacto esta mañana." Gary y su profesora habían logrado unirse espiritualmente. Esos pequeños momentos, entregados incondicionalmente por un adulto, cambiaron ambas vidas.

Creando rituales: forjando espacios sagrados

Los rituales son momentos de amor. Son momentos en la vida donde todo lo demás se detiene y tomamos tiempo para reconectarnos con otros y recordar quiénes somos: personas amorosas, seres humanos afectuosos. Los rituales nos pueden servir de transición durante un día pesado. La transición entre estar dormido y pararse

a caminar es un momento maravilloso para un ritual. Yo recuerdo a mis padres que todos los días nos despertaban a mi hermano y a mí encendiendo las luces y diciendo con voz fuerte: "Hora de levantarse". Yo pensaba que todas las familias lo hacían de la misma forma, hasta que me quedé a dormir en casa de una amiga, donde su mamá entró a su alcoba, le cogió la cabeza y le dijo: "Despierta esos ojos somnolientos." Qué delicia, pensé. Le pregunté si eso lo hacían todos los días o solamente los sábados. Ella me respondió que su mamá hacía eso todas las mañanas y que su hermano lo odiaba. Su hermano tiene ahora 38 años y despierta a sus hijos de la misma manera. Su mamá ya murió. En una oportunidad le pregunté acerca del ritual. Me contestó con lágrimas en los ojos: "Eso es lo que más recuerdo de mi madre, como me revolvía la cabeza. Todavía la oigo decir, 'Despierta esos ojos somnolientos'".

Aquí hay algunos de los momentos sugeridos para los rituales:

1. **Cuando tus hijos se despiertan.**

2. **Cuando tus hijos se van a la cama.**

3. **Cuando mandas a tus hijos para el colegio y cuando los recibes.**

4. **Cuando tú o tus hijos salen o regresan de un viaje.**

5. **En cualquier otro momento en que se dice "Hola" o "Adiós".**

6. Cuando hay cambios en la vida, como en los cumpleaños, cuando les sale un diente nuevo, una ceremonia de graduación, la llegada de un nuevo hermano, etc.

7. Durante los momentos en que se reúne la familia, durante períodos de dolor familiar o en cualquier momento en que la familia se encuentra reunida.

Usando el poder de los rituales

Los rituales son lentes a través de los cuales podemos ver nuestras conexiones emocionales con otros, con otras culturas y con el poder superior. Son expresiones simbólicas de nuestros valores más sagrados.

Cada año cuando se celebra un cumpleaños, algún tipo de ritual usualmente marca el evento. Algunas familias tendrán la torta de cumpleaños tradicional, mientras que otras lo celebrarán de otra manera. El hecho de que los rituales sean predecibles y familiares provee seguridad y emoción; por ejemplo, los regalos de cumpleaños son predecibles, sin embargo, se entregan empacados. De acuerdo con los doctores Evan Imber-Black y Janine Roberts en su perspicaz libro *Rituales para Nuestro Tiempo* publicado en 1992, los rituales tienen cinco propósitos en nuestras vidas: relacionarse, cambiar, sanar, celebrar, y creer. Usando estos puntos como guías, he aquí algunas ideas para usar los rituales amorosos para unir a tu familia.

1. Relacionarse. Los rituales moldean, expresan y mantienen relaciones. Tienen el poder de preservar vínculos entre la gente durante épocas de intenso caos. Mi abuela y yo teníamos la costumbre de sentarnos de cierta forma en el sofá a desgranar arvejas juntas. Fue un ritual de amor que desarrollamos durante mi niñez.

Una vez que fui a visitarla durante mi receso de primavera en la Universidad, me desperté temprano y la encontré sentada en un asiento sosteniéndose su pecho con dolor. Tenía angina de pecho y por esos días era muy poco lo que los doctores podían hacer para remediar esta dolorosa condición del corazón. Cuando vi a mi abuela con ese dolor, me quedé aterrada. Se veía que estaba sufriendo profundamente. Nuestros ojos se encontraron y se confabularon. En ese momento ella dijo: "Trae las arvejas. Tenemos que comenzar temprano hoy." Mis temores se esfumaron. Nuestra conexión era sólida y, durante ese momento, todo salió bien. El ritual del desgrane de arvejas nos envolvió en nuestro amor compartido. Aunque cada uno de los rituales amorosos en este libro está diseñado para construir relaciones, los juegos de manos interactivos del Capítulo 5 están configurados específicamente para mejorar la forma de relacionarse. Te ayudará a moldear, expresar y mantener tus relaciones con tus hijos y tus nietos.

2. Cambiar. Los rituales marcan transiciones en la vida. No es solamente hablar del cambio, sino perpetrarlo a través del ritual. Una cosa es tener un diente flojo, aflojárselo y por ello hacérselo caer; otra cosa es marcar la transición con el rito del "ratón Pérez". En una sociedad que está cambiando tan rápidamente como la nuestra, los rituales son esenciales para marcar transiciones. Muchos de nuestros niños, y también muchos de los adultos, están sobrecargados con tantos cambios. Tanto las madres como los padres deben pasar de ser trabajadores durante el día a ser esposos y padres durante la noche. Esas transiciones pueden ser pesadas si no se involucran rituales dentro de la vida familiar . Les mostramos algunos rituales que ustedes pueden usar para marcar transiciones en su casa:

Rituales para la hora de ir a la cama
Tus dedos tienen mucho sueño 75
Buenas noches codo 98
Arrurru mi niño 110
La hamaca 111
Duerme, duerme mi niño 112

Rituales de crecimiento
¡Hoy es tu cumpleaños! 74
Crecer 77

Rituales para vestirse y desvestirse
Hola pies, adiós pies 108

Rituales para ir y volver de la escuela
No estuviste 76
¿Qué trajiste a casa de la escuela? 86

Rituales para saludar y para despedirse
¿Dónde esta _____ dónde? 101
¿Quién vino a jugar? 102
La cajita roja 103

3. Sanación. En todas las relaciones interpersonales hay épocas de mucho estrés en las que se necesitan periodos de sanación, tanto para adultos como para niños, como cuando han ocurrido pérdidas significativas en la familia por muertes, divorcios u otros hechos que causan heridas psicológicas. Como consecuencia de pérdidas y traiciones, los niños heridos pueden perder su confianza en el mundo. Se preguntan constantemente si habrá alguien que esté presente para ellos. Los pequeños no plantean ese tipo de preguntas en voz alta porque no tienen todavía la capacidad de lenguaje suficiente para formular su temor. Lo hacen a través de su comportamiento; usualmente, de un mal comportamiento. Como lo mencionamos anteriormente, los niños pueden formular ese tipo de preguntas con acciones, como, por ejemplo, salir corriendo en el momento más inesperado o comenzar juegos de "escondidas" o similares. Comenzar estos juegos en momentos inapropiados puede crear situaciones peligrosas. El Capítulo 8 contiene juegos de este estilo que puedes iniciar con tu hijo. O bien, puedes iniciar estos juegos en el lugar y bajo los términos que tú elijas, o bien tu hijo los iniciará en el mercado. En adición a los juegos de "escondidas", los siguientes pueden ser muy sanativos para niños que han experimentado grandes desafíos:

Rituales amorosos

Algunos niños que han sido arrollados por la vida se vuelven gruñones y resistentes. Esto es definitivamente cierto en niños de dos a cuatro años que están batallando entre la dependencia y la independencia. Los siguientes rituales amorosos son útiles para niños gruñones:

Rituales amorosos

4. Celebrando. Todas las culturas tienen celebraciones. Celebramos cumpleaños, bodas y días festivos. Las celebraciones son las demostraciones más universales de un ritual. Cada uno de los rituales que hay en este libro, es una celebración del adulto, del niño y de la conexión entre ellos. Puedes querer añadir a las experiencias vitales de tus hijos algunos rituales amorosos específicos para los cumpleaños y las celebraciones de los días de fiesta:

Rituales amorosos

5. Creyendo. Los rituales son las expresiones más profundas de nuestros valores más apreciados; trasmiten la cultura pasándola de generación en generación. Cada vez que participamos en un ritual, estamos expresando nuestras creencias y pasándolas a otros. El Capítulo 4 contiene canciones interactivas y positivas para niños pequeños. Estas rimas han sido modificadas de sus versiones originales, para expresar una cultura de cariño y respeto.

Comienza a usar el poder de los rituales amorosos hoy mismo. Abre este libro en cualquier página: será perfecto para ti y para tu hijo.

Capítulo 4

Rimas y canciones de cuna con mensajes positivos

"Si no cambiamos nuestra dirección, es probable que terminemos yendo hacia donde vamos."

-Proverbio Chino

RIN RIN RENACUAJO

**"El hijo (la hija) de rana,
Rinrín(a) renacuajo (renacuaja)
Salió esta mañana muy tieso(a)
y muy majo (a)"**
Mira a tu hijo y frente a frente
junten sus manos moviéndolas al
mismo tiempo en forma de círculo
hacia afuera haciendo un gesto de
despedida
"Con pantalón corto,"

Toca sus muslos donde terminaría el pantalón
"Corbata a la moda"
Toca suavemente tu cuello como haciendo
el gesto de estarle
poniendo una corbata
"Sombrero encintado y chupa de boda"
Con tu dedo índice haz un círculo alrededor
de su cabeza
señalizando la cinta del sombrero y simula
como si le estuvieras
poniendo una chaqueta
**"¡Un beso (un abrazo, una mano) muchacho!
Le dice mamá
(papá, insertar nombre)"**
Dale un beso, un abrazo o la mano al niño
**"Se dan un abrazo (un besito, un abrazo,
una mano) y orondo se va".**
Termina la interacción mirándolo fijamente y
regalándole una sonrisa

ASERRÍN, ASERRÁN

**"Aserrín, aserrán,
los maderos de San Juan"**
Siéntate en frente del niño y tómense las
manos moviéndose como un
serrucho hacia adelante y hacia atrás
"Piden pan sí les dan"
Extiende tu mano derecha hacia adelante
como señalando que le
estás pidiendo pan al niño y choquen sus
manos como haciendo un
"choca esos cinco"
"Piden queso y les dan un beso"
Dale un beso o mándale un beso en el aire
al niño
**"Piden jugo se los dan
Se lo toman y se van"**
Tanto niño como adulto hacen el gesto de
estarse tomando el jugo y
luego se despiden moviendo su mano de un
lado a otro

Otra versión modificada de este ritual:

*Aserrín, aserrán
Los amigos de Don Juan
Con Felipe y Sebastián
Todos vamos a jugar
Viene Julia y me saluda
Viene Sara y me abraza
Aserrín, aserrán
Los amigos de Don Juan*

Preparación e instrucciones:
Este ritual se puede hacer entre
un adulto y un niño o entre niños.
Siéntense en el piso, el adulto frente
al niño con las piernas estiradas
y abiertas. Las piernas del adulto
van a estar por fuera de las piernas
del niño. Frente a frente, y con las
manos tomadas, canta la canción
mientras los dos se inclinan para
adelante y para atrás. Puedes
graduar la velocidad en la que
se inclinan para adelante y para
atrás, dependiendo de la reacción
del niño. Algunos niños disfrutan
de los movimientos rápidos e
intensos, mientras otros prefieren
velocidades lentas y pausadas. Siga
las instrucciones de los movimientos
en cada oración.

"Aserrín, Aserrán"
Siéntate frente al niño con las
piernas estiradas y abiertas. Toma
las manos del niño y muévete hacia
adelante y hacia atrás. Mantén el
contacto visual mientras te mueves.
**"Los amigos de Don Juan
Con Felipe y Sebastián
Todos vamos a jugar"**
Continúa moviéndote para adelante
y para atrás con entusiasmo y alegría
"Viene Julia y me saluda"
Salúdense el uno al otro subiendo

una mano y moviéndola en
forma de saludo
"Viene Sara y me abraza"
Abrácense y muévanse para adelante y
para atrás mientras están
abrazados
"Aserrín Aserrán"
Tómense de las manos nuevamente y
muévete para adelante y para
atrás graduando la velocidad de
acuerdo a la respuesta y el
entusiasmo del niño
"Los amigos de Don Juan"
Finaliza el ritual dándole un abrazo al
niño con un suave apretón
mientras cambian la dirección del
movimiento y se mueven de un
lado para el otro.

♥

ARROZ CON LECHE

"Arroz con leche yo quiero jugar"
Empiecen el juego parados frente a frente
y tomados de las manos
haciendo movimientos de baile
"Con este niño listo yo quiero bailar"
Señala al niño apuntando con tu dedo
índice al pecho y a la nariz del
niño continuando los movimientos
de baile
"Vamos a saltar"
Salten
"Vamos a girar"
Giren
"Vamos a movernos juntos y a disfrutar"
Muevan sus caderas de un lado al otro
"Con este sí, con esta también"
Toma la mano izquierda del niño y haz un
gesto de "sí" con la cabeza.
Luego toma la mano derecha del niño y
repite el gesto de
"sí" con la cabeza.
"Con todos mis amigos la paso bien"
Toma las dos manos del niño y muévelas
hacia arriba y hacia abajo
emocionado.

♥

EL PUENTE
ESTÁ QUEBRADO

"El puente está quebrado"
Posiciónate en frente del niño tomando sus manos como para hacer un puente
"¿Con qué lo curaremos?"
Sube los hombros y pon tus manos a los lados haciendo un gesto de pregunta
"Con cáscaras de huevo, todos a reponerlo"
Pon una mano en frente del niño e invítalo a que ponga su mano encima de la tuya. Luego pon tu otra mano encima de la suya e invítalo a que ponga su otra mano encima de la tuya como haciendo
una torre de manos, señalizando que

juntos pueden reparar el puente.
"Paso el rey"
Sonríe y hagan un movimiento hacia arriba y hacia abajo con las manos aún en torre
"Paso la reina"
Repite el movimiento anterior
"¡Y todos los hijitos lograron pasar!"
Toma de nuevo las dos manos del niño y celebren que pasaron todos.

SANA QUE SANA

"Sana que sana"
Ponte en una posición en la que tengas
contacto visual con el niño
**"Manita (parte del cuerpo) de (nombre
del niño)"**
Frota suavemente la parte del cuerpo
que le duele al niño
**"Si no sanas hoy
Sanarás mañana"**
Continúa frotando suavemente y respira
profundamente. Al exhalar,
sopla fuertemente como para hacer
volar el dolor al viento.
Repetir 3 veces.
"¡Chao dolor!"
Con un gesto de manos despídanse los
dos del dolor.

EL PERICOTITO

*Un pericotito gracioso y chiquito
metió su hociquito por un huequecito
y el gato amoroso apenas lo vio
le dijo un secreto y se despidió
(lo abrazó)*

Preparación e instrucciones:
Dependiendo si terminas el poema con una despedida o con un abrazo, puedes utilizar este poema como un ritual de despedida. También puedes utilizar el momento del "secreto" para mandar un mensaje positivo a tu hijo.

"Un pericotito gracioso y chiquito metió su hociquito por un huequecito"
Sentado frente a frente con el niño, junta tus manos para crear un huequito y mete tu nariz y tu boca entre ese huequito. Invita al niño a que haga lo mismo.
"Y el gato amoroso apenas lo vio"
Abre tus manos mostrando la sorpresa y la felicidad que siente el gato al ver al pericotito
"Le dijo un secreto y se despidió (lo abrazó)"

Vuelve a poner tus manos al rededor de tu boca para decir el secreto. Acercándote al oído del niño dile un secreto amoroso, por ejemplo: "Te voy a extrañar" "Te deseo lo mejor" "Estás seguro" "Tú puedes con esto". Por último, despídete del niño y/o dale un abrazo.

EL PERRITO
COLOR DE CANELA

Preparación e instrucciones:

Esta interacción resulta en un juego divertido. Siéntate en frente del niño y prepárate para saltar y mover la colita.

"Yo tenía un perrito color de canela"
Toma la cara del niño entre tus manos y sonríe con orgullo de tener este "perrito"
"Mueve su colita"
Mueve tu colita de lado a lado
"También sus orejas"
Pon tus manos de cada lado de tu cabeza y muévelas como si fueran las orejas del perrito.
"Salta dando vueltas"
Toma las manos del niño y salten dando vueltas juntos.
**"Guau, guau
Qué feliz está"**
Para de dar vueltas y mira al niño mientras ladran
**"Guau, guau
Qué feliz está"**
Termina la interacción sonriendo efusivamente reflejando la felicidad del perro.

PALOMITA BLANCA

Palomita blanca
Copetico azul
Llévame en tus alas a ver las estrellas
Si mi niña/niño lista/o
Yo te llevaré
Y una de esas yo te bajaré

Preparación e instrucciones:
Esta interacción se debe hacer frente a frente con el niño. Toma las manos del niño y extiende sus brazos para crear alas imaginarias con las que van a volar a alcanzar las estrellas.

"Palomita blanca, copetico azul"
Siéntate en frente de tu hijo, toma sus manos y extiende sus brazos para crear alas imaginarias.
"Llévame en tus alas a ver las estrellas"
Agita los brazos del niño suavemente como si estuvieran volando
"Si mi niña/niño lista, yo te llevaré"
Utiliza tus "alas" para envolver al niño en ellas
"Y una de esas yo te bajaré"
Con un brazo, abraza al niño y, con el otro, apunta hacia arriba como señalando la estrella que le vas a bajar.

LA LECHUZA

Preparación e instrucciones:
Este es un excelente juego para ayudar a calmar a un niño o a un grupo de niños.

La lechuza
"(Nombre del niño)
(Nombre del niño)"
Siéntate en una posición en la que puedas ver a tu hijo y tengan contacto visual. Explícale que van a respirar profundamente antes de soltar el aire haciendo el sonido shhhhh
"hace shhhhhh
hace shhhhhh".
Respiren profundamente juntos y suelten el aire lentamente haciendo el sonido shhhhhhhh.
"Hagamos silencio"
Cuando digan esta frase, baja el volumen de tu voz; que solo se muevan los labios pero se escuche silencio,
"como (nombre del niño)"
Continúa moviendo tus labios para vocalizar el nombre del niño pero sin volumen
"que hace"
Respira y mantén el silencio mientras sueltas el aire sonriendo
"que hace"
Respira y mantén el silencio mientras sueltas el aire sonriendo

ESTRELLITA DÓNDE ESTÁS

Brilla Brilla Estrellita

Brilla brilla estrellita
Esta amorosa personita
Con sus ojos y sonrisa
Talentosa y creativa
Brilla, brilla estrellita
Esta amorosa personita

Preparación e instrucciones:

Es importante estar al mismo nivel del niño para esta actividad. Puedes decidir si quieres pararte, arrodillarte o sentarte con el niño para esta actividad.

"Brilla brilla estrellita"
A la altura de la cara del niño, abre y cierra tus manos representando las estrellas brillando
"Esta amorosa personita"
Baja tus manos y ponlas sobre los hombros del niño
"Con sus ojos y sonrisa"

Con tus dedos índices toca suavemente en forma circular alrededor de los ojos del niño y luego delinea la sonrisa del niño yendo del centro de su boca hacia los lados y finalizando en los cachetes
"Talentosa y creativa"
Con tus dedos índices, toca la sien del niño y luego abre las manos alrededor de la cabeza simbolizando la creatividad mientras las bajas
"Brilla, brilla estrellita"
A la altura de la cara del niño, abre y cierra sus manos representando las estrellas brillando
"Esta amorosa personita"
Baja tus manos y ponlas sobre los hombros del niño. Finaliza el ritual dándole un abrazo o beso.

PEDRO EL CANGREJO

Pedro, Pedro el cangrejo
Le gustaba saludar
Como un pescado me saludaba
Y como un oso me abrazaba

Preparación e instrucciones:
Este ritual es útil para saludar a los niños de una manera divertida. ¡Haz los movimientos de las tenazas como Pedro el Cangrejo y reconéctate con tus niños cuando les das la bienvenida!

Es importante estar al mismo nivel del niño mirándolo frente a frente. Puedes decidir si quieres pararte, arrodillarte o sentarte con él para esta actividad. El adulto y el niño van a hacer los mismos movimientos al mismos tiempo.

Variaciones: Una vez que hayamos usado este ritual, podemos utilizar a Pedro el Cangrejo para apoyar a los niños cuando tienen dificultades saludando a las demás personas. Podemos sugerirles que saluden al otro como Pedro el Cangrejo y, de esta manera, exponerlos a estas situaciones con herramientas nuevas.

"Pedro, Pedro el cangrejo"
Mientras miras al niño, sube las dos manos en forma de pinza y ábrelas y ciérralas
"Le gustaba saludar"
Mueve una de tus manos abiertas de un lado al otro saludando al niño
"Como un pescado me saludaba"
Cada uno junta sus manos palma con palma representando pescados y las encuentran en el centro tocándolas por un lado y por el otro.
"Y como un oso me abrazaba"
Abre los brazos de lado a lado invitando al niño a un abrazo de oso amoroso y estrecho.

LOS POLLITOS

"Mi pollito dice
Pío pío pío"
Sentado frente a frente con el niño,
toca suavemente sus hombros mientras
sonríes
"Cuando tiene hambre
Lleva tu mano hacia tu boca imitando el
gesto de estar comiendo algo
Cuando tiene frío
Frota suavemente los brazos del niño
en un intento de calentarlo
Su mamita (papito) busca
El maíz y el trigo
Finge estar buscando la comida
alrededor del lugar de juego
Le da la comida
Y le busca abrigo
Extiende tus manos hacia el niño en
señal de que se acerque a ti para
poderlo abrazar
Bajo sus dos alas
Acurrucadito
Duerme mi pollito
Hasta el otro día
Abraza al niño como si tus brazos
fueran dos enormes alas que lo
protegen y lo ayudan a encontrar el
sueño.

💙

Preparación e instrucciones:
Esta interacción puede ser utilizada como un ritual para ir a la cama y, por lo tanto, se puede hacer con el niño acostado en la cama ya listo para dormir o alzado en los brazos del adulto. Comienza la interacción diciéndole al niño: "Tú eres mi pollito". Luego comienza a cantar la canción mientras haces los siguientes movimientos.

QUE LLUEVA, QUE LLUEVA

Que llueva que llueva
María (nombre del niño) está en la cueva
Sus amiguitos cantan
La manta se levanta
Que sí, que no
Que cante el que se quedó
Que sí que no
Que caiga un chaparrón

Preparación e instrucciones:

Esta canción se puede jugar en un grupo de varios niños o en una interacción uno a uno. Puedes utilizar una manta para esconder a uno de los participantes, fingiendo así que está en una cueva. Para jugar en grupo, hagan una ronda alrededor del niño a quien le toca el turno de ser nombrado. En caso de hacer la interacción uno a uno, simplemente ponte en frente del niño. Tapa al niño con la manta o utiliza otros materiales que estén disponibles para hacer una "cueva" alrededor del niño. Comienza a cantar la canción mientras haces los siguientes movimientos.

"Que llueva que llueva
María (nombre del niño)
está en la cueva"
Haciendo una ronda alrededor del niño (si están en un grupo) o sentado en frente al niño, canta esta estrofa remplazando el nombre "María" por el nombre del niño que está en la cueva.
"Sus amiguitos cantan"
Todos cantan esta estrofa
"La manta se levanta"
Levanta la manta o la "cueva" para descubrir al niño que esta allí
"Que sí, que no
Que cante el que se quedó
Que sí que no
Que caiga un chaparrón"
Termina la interacción mandándole un "chaparrón" de besos al niño que está en el centro.

Capítulo 5

ESTE COMPRÓ UN HUEVITO

Este compró un huevito
Este lo cocinó
Este lo revolvió
Este le echó la sal
¡Y un gran banquete se festejó!

Preparación e instrucciones:

Siéntate frente a tu hijo y toma una de sus manos. Comieza masajeando el dedo meñique del niño mientras dices las siguientes palabras:

"Este compró un huevito"
Masajea el dedo pequeño del niño
"Este lo cocinó"
Toma el dedo anular del niño y masajéalo
"Este le echó la sal"
Toma el dedo medio de tu hijo y hazle un masaje
"Este lo revolvió"
Toma el dedo índice de tu hijo
"Y un gran banquete se festejó"
Envuelve el pulgar del niño con todos los demás dedos y
pretende que te estás saboreando su mano.
"yam, yam, yam"

SACO MIS MANITAS Y LAS PONGO A BAILAR

Saco mis manitas
Las pongo a bailar
Las abro
Las cierro
Y las vuelvo a guardar

Preparación e instrucciones:

Para este juego es muy importante estar a la misma altura del niño. Siéntate frente a frente con el niño y haz los siguientes movimientos mientras dices o cantas las frases del ritual.

"Saco mis manitas"
Mirando al niño, saca tus manos y abre los dedos como
mostrándole la palma de la mano al niño.
Invítalo a que haga lo mismo.
"Las pongo a bailar"
Mueve tus muñecas como para hacer bailar las manos de un
lado hacia otro, mostrando la palma y luego la parte frontal de
las manos .
"Las abro"
Abre tus manos, separando los dedos
"Las cierro"
Cierra las manos empuñándolas
"Y las vuelvo a guardar"
Esconde las manos detrás de tu espalda.

CUANDO VAYAS A SACAR LA ENOJO

Cuando vayas a sacar la "enojo"
(puede ser cualquier sentimiento
que queramos trabajar)
No la saques ni por aquí
Ni por aquí
¡Sino por aquí!

Preparación e instrucciones:

Este juego debe hacerse frente a frente con el niño. Comienza dándole la mano y estirando su brazo para comenzar a "cortar carne". La idea es ir subiendo "el corte" desde la muñeca del niño hasta sus axilas para hacerle cosquillas. Este es un buen juego para usar cuando el niño ha pasado por un mal momento o después de una pataleta. Finalmente, el juego termina en risas. Sigue los movimientos mientras dices las palabras del juego.

"Cuando vayas a sacar la enojo (este puede ser cualquier sentimiento que estemos manejando)"
Toma la mano del niño, acaríciala y estira su brazo
"No saques ni por aquí"
Utiliza tu mano como utensilio para "cortar" haciendo movimientos horizontales como serruchando, empezando desde la muñeca del niño.
"Ni por aquí"
Continúa "serruchando" hacia arriba por el brazo del niño
"Sino por aquí"
Cuando llegues a la axila del niño levanta su brazo y hazle cosquillas. Puedes terminar el juego dándole un abrazo al niño y diciéndole: "Estás a seguro".

PON PON CHICHITA PON

Pon pon (nombre del niño) pon
La vaca valcita
Y el toro cachón
¡Ay mi cabecita!
¡Ay mi corazón!

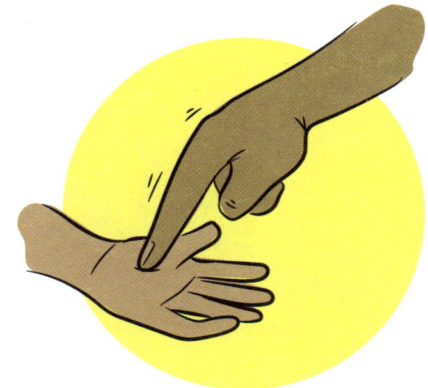

Preparación e instrucciones:

Este juego se puede hacer con el niño sentado en el piso en frente de ti o en tus piernas. Elige una mano del niño y ábrela para que la mano esté palma arriba. Con tu dedo índice toca la palma de la mano del niño y continúa haciendo los movimientos especificados aquí mientras dices las palabras.

"Pon pon (nombre del niño) pon"
Con tu dedo índice toca la palma de la mano del niño cada vez que dices "pon"
"La vaca valcita"
Toma las dos manos del niño e invítalo a que empuñe las manos y deje los dedos pulgares afuera, apuntado hacia abajo. Envuelve los dedos pulgares del niño en tus manos y jala hacia abajo, haciendo movimientos hacia arriba y hacia abajo simulando que estás ordeñando una vaca.
"Y el toro cachón"
Apunta sus dedos índices hacia arriba y ponlos en su cabeza como si fueran los cuernos del toro
"¡Ay mi cabecita!"
Toca la cabeza del niño con tus dos manos
"¡Ay mi corazón!"
Abraza al niño, corazón con corazón. Si notas que el niño tal vez está reacio a darte un abrazo, simplemente pon tu mano en el corazón del niño o en el tuyo.

YO QUIERO SABER, ¿EN DÓNDE DESTÁN MIS MANOS?

Yo quiero saber
¿En dónde están mis manos?
¿A dónde se habrán ido?
¿En qué viajarán?
Aquí estamos, aquí estamos
¿Cómo se saludan? Dándose la mano
¿Cómo se despiden? Desde un aeroplano
Zoom, zoom, zoom, zoom, zoom

Preparación e instrucciones:

Este juego puede ser utilizado como un ritual de saludo o de despedida. Se puede hacer utilizando las manos (como en la versión original) o también a la persona escondiéndose detrás de una manta para aparecer y desaparecer creando expectativa para el niño. Se puede jugar de manera individual o en grupo, como un ritual de bienvenida o de despedida. Comienza sentado frente a frente con el niño o en un círculo si se va a hacer en grupo. Esconde tus manos detrás de tu espalda (o esconde tu cara detrás de la manta si se va a hacer utilizando a la persona en vez de las manos).

"Yo quiero saber
¿En dónde están mis manos?
¿A dónde se abrán ido?
¿En qué viajarán?"

Esconde tus manos detrás de tu espalda y mueve tu tronco de lado a lado mientras dices las palabras. Si estás escondiendo tu cara espera a la siguiente estrofa para destaparte.
"Aquí estamos, aquí estamos"
Saca las manos y ponlas a lado y lado de tu cabeza mientras las sacudes como en señal de saludo
"¿Cómo se saludan? Dándose la mano"
Dale la mano al niño. Primero una y luego la otra.
"¿Cómo se despiden? Desde un aeroplano"
Suelta las manos del niño y despídete moviendo tus manos de un lado al otro
"Zoom, zoom, zoom, zoom, zoom"
Agita tus manos de manera rápida haciendo movimientos cruzados con ellas frente a ti, simulando los movimientos de un avión.

LA ARAÑITA

Sube, sube, sube la arañita
Baja, baja, baja la arañita
Hace, hace, hace cosquillitas

Preparación e instrucciones:

Este juego se puede hacer en los brazos o en la espalda del niño. Si se hace en los brazos, el niño debe estar frente a ti. Si se hace en la espalda, el niño puede estar de espaldas. Tus dedos actuarán como una arañita que se trepa suavemente por los brazos o la espalda del niño. Una vez que el niño esté familiarizado con el juego, se pueden invertir los roles para que sea él quien inicie la interacción.

"Sube, sube, sube la arañita"
Toma la mano (o espalda) del niño y, usando tus dedos como una arañita, empieza a caminar por uno de los brazos (o la espalda) del niño hacia arriba. Cuando digas la palabra arañita, sonríe y cerciórate de hacer contacto visual con el niño.
"Baja, baja, baja la arañita"
De la misma manera, continúa el movimiento hacia abajo.
"Hace, hace, hace cosquillitas"
Hazle unas pequeñas cosquillitas al niño debajo del brazo.

MI CARITA REDONDITA

Mi carita redondita
Tiene ojos y nariz
Y una linda boquita para hablar y
sonreír
Con mis ojos veo todo
Con mi nariz hago achís
Con mi boca como como y te doy
besos a tí

Materiales: Un espejo (opcional)

Preparación e instrucciones:
Comieza por sentarte frente al niño, o
los dos frente a un espejo con el niño
entre tus piernas.

"Mi carita redondita"
Con tu dedo índice, haz un círculo
alrededor de la cara del niño.
"Tiene ojos y nariz"
Señala sus ojos y toca suavemente
su nariz
**"Y una linda boquita para hablar
y sonreír"**
Toca suavemente la boquita del niño
"Con mis ojos, veo todo"
Señala los dos ojos del niño y mira a su
alrededor indicando que
"ve todo"
"Con mi nariz, hago achís"
Pretende que estornudas exageradamente
**"Con mi boca como como y te doy
besos a ti"**
mandale o dale besos al niño

¡LO LOGRASTE!

La (*adjetivo positivo que describa al niño y nombre del niño*),
sí sabe (*acción*)
Porque todos los días se pone a ensayar
Así, así así,
Así así así,
Así así,
Así así
Así así así,
¡Lo lograste!

Preparación e instrucciones:

Este es un juego muy útil para notar los logros del niño e incentivar su progreso. Comienza por identificar un logro del niño y un adjetivo que tenga que ver con ese logro que describa al niño. Por ejemplo, si el niño ha aprendido a saltar podrías utilizar el adjetivo "ágil" para describir al niño y luego la acción "saltar" para reconocer este logro. La repetición de las palabras, "así, así, así" sirven el propósito de demostrar exactamente como el niño o la niña ha logrado la acción.

"La/el (adjetivo) (nombre del niño) sí sabe (acción)"
Inserta un adjetivo que tenga que ver con la acción que quiere reconocer en el niño, luego el nombre del niño y por último la acción.
Por ejemplo "la ágil Emilia sí sabe saltar"

"Porque todos los días se pone a ensayar"
Prepárate para demostrar la acción que estás reconociendo. Por ejemplo, parándote a saltar.

"Así, así, así"
Haz la acción tres veces. Por ejemplo: salta, salta, salta

"Así, así, así"
Haz la acción dos veces

"Así , así"
Haz la acción dos veces

"Así, así"
Haz la acción dos veces

"Así, así, así"
Haz la acción tres veces

"¡Lo lograste!"
Choca los cinco con el niño

Y MIS MANITAS BAILAN

Mis manitas suben
Mis manitas bajan
Mis manitas bailan, bailan, bailan, bailan
Bailan en tus pies
Bailan en tu frente
Bailan en tus hombros
¡Y en tus dos cachetes!

Tus manitas suben
Tus manitas bajan
Tus manitas bailan, bailan, bailan, bailan
Bailan en mis pies
Bailan en mi frente
Bailan en mis hombros
¡Y en mis dos cachetes!

Preparación e instrucciones:

Este ritual amoroso se puede hacer en cualquier momento del día o durante la rutina mientras vestimos y desvestimos a los niños. Para mayor comodidad y conexión durante el ritual, asegúrate de estar sentado al mismo nivel del niño y que tanto el niño como el adulto puedan tener contacto físico con las diferentes partes del cuerpo (frente, hombros, cachetes). Para el primer verso, las manos del adulto van a bailar en las diferentes partes del cuerpo del niño (frente, hombros, cachetes). Para la segunda parte, las manos del niño van a moverse y van a bailar en las partes del cuerpo del adulto. Para la oración final "Y en mis dos cachetes" el adulto llena sus mejillas de aire y, cuando las manos del niño bailen en sus cachetes, el adulto guía al niño a presionar suavemente los cachetes del adulto para hacer un ruido sorpresa que da un final divertido al ritual. Una vez el niño haya aprendido cómo es el ritual, no va a necesitar que el adulto guíe sus movimientos.

"Mis manitas suben"
Mueve los dedos de tus manos mientras las subes por encima de la cabeza del niño
"Mis manitas bajan"
Mueve los dedos de tus manos mientras los bajas a la altura de la cintura del niño
"Mis manitas bailan, bailan, bailan, bailan"
Mueve los dedos de tus manos

mientras mueves las manos
de lado a lado
"Bailan en tus pies"
Mueva los dedos de las manos
mientras toca ligeramente los pies
del niño
"Bailan en tu frente"
Mueve los dedos de las manos
mientras tocas ligeramente la frente
del niño
"Bailan en tus hombros"
Mueve los dedos de las manos
mientras tocas ligeramente los
hombros del niño
"Y en tus dos cachetes"
Mueve los dedos de las manos
mientras tocas ligeramente los
cachetes del niño
"Tus manitas suben"
Sujeta suavemente las manos del
niño y guíalas a que suban por
encima de la cabeza del adulto
"Tus manitas bajan"
Sujeta suavemente las manos del

niño y guíalas a que bajen por
debajo de la cintura del adulto
**"Tus manitas bailan, bailan,
bailan, bailan"**
Guía suavemente las manos del niño
mientras las mueves de lado
a lado
"Bailan en mis pies"
Guía suavemente las manos del niño
hacia los pies del adulto
mientras las mueves
"Bailan en mi frente"
Guía suavemente las manos del niño
hacia la frente del adulto
mientras las mueves
Guía suavemente las manos del niño
hacia los hombros del adulto
mientras las mueves
"Y en mis dos cachetes"
Guía suavemente las manos del niño
hacia los cachetes del adulto.
El adulto infla los cachetes con aire y
guía al niño a presionar
suavemente los cachetes del adulto para
que haga un ruido divertido
y sorpresa al final del ritual.

ALREDEDOR DEL JARDÍN

Todo alrededor del jardín
Pasea un osito
Un pasito, dos pasitos
Cosquillas te hace el osito

Preparación e instrucciones:
Comienza tomando la mano del niño
con la palma hacia arriba.

"Todo alrededor del jardín"
Con tu dedo índice, dibuja círculos en la
palma de la mano del niño
mientras dices, "alrededor del jardín"
"Pasea un osito"
Continúa dibujando círculos al ritmo de
la canción
"Un pasito, dos pasitos"
Camina con tus dedos subiendo por el
brazo del niño
(dirigiéndose hacia la axila)
"Cosquillas te hace el osito"
Suavemente hazle cosquillitas al niño
en la axila.

♥

EL OSO GRIS

En el bosque verde
Había un oso gris
Camina por acá
Corre por allá
¡Y escala por aquí!

Preparación e instrucciones:
Comienza tomando la mano del niño
con la palma hacia arriba.

"En el bosque verde"
Con tu dedo índice, dibuja círculos en la
palma de la mano del niño
"Había un oso gris"
Continúa dibujando círculos en la mano
del niño
"Camina por acá"
Camina con tus dedos subiendo por el
brazo del niño, empezando
por la muñeca
Sigue caminando con tus dedos por el
antebrazo
"Corre por allá"
Sigue caminando con tus dedos por el
brazo
"¡Y escala por aquí!"
Sigue caminando con tus dedos y llega a la
axila, en donde le haces
cosquillas al niño

♥

¡HOY ES TU CUMPLEAÑOS!

¡Hoy es tu cumpleaños!
Hagamos un ponqué/pastel
Lo mezclamos, lo mezclamos
Y luego lo horneamos
Mira como quedó el ponqué
Con _____ Y _____
Le ponemos ____ velitas
¡Y soplamos las llamitas!

Preparación e instrucciones:

Esta es una manera maravillosa para celebrar el cumpleaños de tu hijo. Despiértalo con este ritual el día de su cumpleaños. Pregúntale cuáles son sus dos sabores favoritos de ponqué/pastel y cuántos años cumple. Esta información será importante para el ritual.

"¡Hoy es tu cumpleaños!"
Mira al niño a los ojos con emoción y alegría
"Hagamos un ponqué/pastel"
Di esta frase con emoción y pasa tus manos suavemente por los lados del cuerpo del niño
"Lo mezclamos, lo mezclamos"
Toma al niño de la mano y dale vueltas para un lado y para el otro
"Y luego lo horneamos"
Guía suavemente al niño para que se agache y se meta al horno imaginario
"Mira como quedó el ponqué/pastel"
Guía al niño a que salga del "horno imaginario"
"Con _____ Y _____"

Hazle masaje en un brazo, primero empezando desde el hombro y dirigiéndote hacia los dedos, como si estuvieras echando una crema de sabor en el ponqué/pastel. Repite el mismo proceso en el otro brazo.
"Le ponemos ____ velitas"
El niño levanta el número de dedos que representa el número de años que está cumpliendo y los pone encima de su cabeza representando las velitas del ponqué/pastel
"Y soplamos las llamitas!"
El adulto sopla las velas (los dedos) del niño

Variaciones: Este ritual también se puede hacer en grupo como parte de la celebración tradicional del cumpleaños. Es decir, después de que el grupo (familia o clase) canta la canción tradicional de Feliz Cumpleaños al cumpleañero, se le pregunta cuáles son sus dos sabores favoritos de ponqué/pastel. Se escogen dos amigos/ayudantes de la celebración quienes van a ser los que cocinan el ponqué/pastel. Cada uno de estos ayudantes se para de cada lado del cumpleañero y son los encargados de darle vueltas al ponqué/pastel, meterlo al horno, poner la crema, y soplar las velas. Los demás miembros de familia/clase cantan la canción y soplan las velas al final, deseándole lo mejor al cumpleañero.

TUS DEDOS TIENEN MUCHO SUEÑO

Tus dedos tienen mucho sueño
Es hora de que se acuesten
Primero tú, dedito bebé
Acuesta tu cabecita
Dedito anular, ahora te toca a ti.
Ahora viene el alto ¡esto es genial!
¡Apúrate dedo índice que
se hace tarde!
¿Ya todos están aquí acurrucaditos?
No, falta uno.
¡Muévanse todos, aquí viene
el pulgar!

Preparación e instrucciones:

Esta interacción es maravillosa para usar a la hora de la siesta o a la hora de dormir. Mantén tu voz calmada y relajante.

"Tus dedos tienen mucho sueño"
Bosteza y habla despacio y bajito. Sostén la mano del niño en una de tus manos con la palma hacia arriba y suavemente acaricia la mano del niño

"Es hora de que se acuesten"
Con tu otra mano, cubre la mano del niño, como si le estuvieras poniendo las cobijas en la cama.

"Primero tú, dedito bebé"
Quita tu mano y empieza a "acostar" a los dedos en la cama. Comienza con el dedo meñique. Hazle un pequeño masaje a este dedo.

"Acuesta tu cabecita"
Guarda el dedo entre la palma de la mano del niño ayudándote con la mano que está sosteniendo.

"Dedito anular, ahora te toca a ti."
Guarda el siguiente dedo con el mismo amor y cariño

"Ahora viene el alto ¡esto es genial!"
Continúa de la misma forma

¡Apúrate dedo índice que se hace tarde!
Incrementa la velocidad de tus palabras cuando digas esta frase manteniendo siempre un tono suave.

¿Ya todos están aquí acurrucaditos?
Masajea la punta de los dedos y los nudillos del niño

No, falta uno.
Con cara de sorpresa y de preocupación, descubre el dedo pulgar.

¡Muévanse todos, aquí viene el pulgar!
Abre todos los dedos del niño y guarda el dedo pulgar entre todos los demás. Abraza la mano del niño en tus dos manos como si fueran una cobija calientita.

NO ESTUVISTE

*No estuviste aquí
Y pensamos mucho en ti
Ya estás de regreso
¿Dónde quieres tu beso?*

Preparación e instrucciones:

Este ritual es un excelente ritual de bienvenida. Puedes utilizar un peluche en el momento del beso para agregar un elemento divertido al ritual. Sin embargo, puedes dar el beso tú mismo.

"No estuviste aquí"
Sostén el peluche en frente del niño de manera que el niño lo vea mientras dices las tres primas frases de este poema. Si no tienes un peluche, extiende tu mano y muéstrale al niño tu mano empuñada con el dedo pulgar asomándose. Mueve tu dedo pulgar de manera que parezca que estuviera hablando.

"Y pensamos mucho en ti"
Continúa moviendo el peluche, o tu mano, de manera juguetona mientras te acercas cada vez mas al niño.

"Ya estás de regreso"
Mantén la emoción a través de una expresión facial de entusiasmo y del movimiento del peluche.

"¿Dónde quieres tu beso?"
Dale unos segundos al niño para que te pueda decir dónde quiere que le des el beso. Dale el beso al niño donde él o ella quiera utilizando el peluche o tu mano. Termina la interacción con un beso y un abrazo.

CRECER

Cuando eras sólo un bebe,
No sabías cómo caminar
Sólo podías gatear, gatear por todas
partes
Así.
Cuando eras sólo un bebe,
No sabías cómo hablar
Sólo podías balbucear, balbucear
Así.
Ahora eres así de grande.
Y vas al colegio todos los días
Puedes hacer muchas cosas
Como caminar y hablar y jugar.

Preparación e instrucciones:

Esta es una excelente actividad para hacer con hermanos mayores que se enfrentan a la situación de tener un nuevo bebé en la familia. Ellos anhelan volver a ese momento cuando ellos eran el centro de tu atención. Ese juego les permite ver cómo han crecido mientras les trae el recuerdo de esos "buenos tiempos". Este poema te da la oportunidad de alzar a tu hijo, de ponerlo en tus piernas y abrazarlo como si fuera un bebé. Utilizando una voz relajante y suave, comparte el poema con tu hijo.

Variaciones: A los niños les encanta escuchar historias de cuando eran pequeños o bebés. Este poema te brinda una buena oportunidad de compartir algunos de esos preciosos recuerdos. También te brinda la oportunidad de compartir con el niño todas esas cosas que has notado que él o ella puede hacer ahora.

SEÑOR SOL

Señor sol, sol, venga por favor
Con su brillo y su calor
Señor sol, sol, venga por favor
Venga a alegrar a mi amigo _____

Materiales: Pintura de cara o marcadores, preferentemente amarillos para el sol y otro color que sea igual al de los ojos del niño.

Preparación e instrucciones:

Esta canción se canta con el niño mientas le pintas un dibujo en la mano. Sentados frente a frente, comienza la actividad sosteniendo la mano del niño palma abajo. Ten los marcadores o la pintura lista.

"Señor sol, sol"
Sentado frente a frente con el niño, junta las palmas de tus manos con las del niño. Haz un movimiento circular mientras mantienen las manos juntas.
"venga por favor"
Pretende tener una cuerda en tus manos y has movimiento de halar el sol hacia ti mientras intercambias tus manos.
"Con su brillo y su calor"
Junta de nuevo las manos y mueve los dedos como simulando el brillo.
"Señor sol, sol"
Sentado frente a frente con el niño, junta las palmas de tus manos con las del niño. Haz un movimiento circular mientras mantienen

las manos juntas.
Venga a alegrar a mi amigo _____
Sonriele al niño y cierra la interacción con unn abrazo

Variaciones: Una vez que hayas terminado el dibujo, puedes poner la palma de la mano que está pintada sobre la palma de la otra mano para que el dibujo se transfiera. ¡Ahora el niño tendrá dos dibujos en vez de uno!

YO TENGO UNA CASITA QUE ES ASÍ Y ASÍ

*Yo tengo una casita que es así y así
Que por la chimenea sale el humo así y así
Y cuando quiero entrar yo golpeo así, así
Me limpio mis zapatos así, así y así*

Preparación e instrucciones:

Esta interacción se debe hacer sentado frente a frente con el niño. Mientras cantas la canción, deberás señalizar el tamaño de la casita, cómo sale el humo, cómo golpeas la puerta y cómo te limpias los zapatos. Mientras el niño se familiariza con los movimientos y con la canción, puedes ayudarle tomando sus manos y haciendo los movimientos con él o ella. Una vez que lo logre solito, puedes hacer los primeros dos movimientos (la casa y el humo) independientemente y los otros dos se los puedes hacer tú. Luego, pueden invertir los papeles.

"Yo tengo una casita que es así y así"
Sentado en frente al niño haz un cuadrado con sus manos. Primero, haciendo las paredes verticales de la "casita" y luego las horizontales
"Que por la chimenea sale el humo así y así"
Con uno de tus dedos índices apunta hacia arriba y haz movimientos circulares como si fuera el humo que sale por la chimenea.
"Y cuando quiero entrar yo golpeo así y así"
Empuñando tu mano dale unos toquecitos en el hombro como si estuviera golpeando la puerta
"Me limpio mis zapatos así, así y así"
Masajea sus pies como si estuvieras limpiando sus zapatos.

ESTE DEDITO

Este dedito se fue al colegio en carro
Este dedito se fue en el bus
Este dedo alto se fue en su bicicleta
Y este decidió caminar
Este pulgar vivía tan taaan lejos
Tuvo que subir y bajar la montaña
Subir y bajar la montaña
Subir y dar la vuelta
Para lograr entrar al colegio

Preparación e instrucciones:

Este es un maravilloso ritual para utilizar cuando los niños entran al colegio por primera vez.

"Este dedito vino al colegio en carro"
Hazle un masaje en el dedo meñique al niño mientras dices esta primera frase. Termina el masaje en la punta del dedo haciendo un poquito mas de presión amorosamente mientras dices "carro".

"Este dedito montó en el bus"
Repite la actividad descrita anteriormente con el dedo anular, haciendo un poco más de presión en el dedo cuando digas "bus".

"Este dedo alto se fue en su bicicleta"
Masajea el dedo medio y termina haciendo presión de igual manera.

"Y este decidió caminar"
Repite el proceso con el dedo índice.

"Este pulgar vivía tan taaan lejos"
Mientras dices esta frase, sostén firmemente el pulgar y muévelo hacia un lado y otro.

"Tuvo que subir y bajar la montaña"
Empezando en la parte de afuera del dedo pulgar, sigue con tu dedo índice el contorno del dedo, primero hacia arriba y luego bajando por el valle que se crea entre el dedo pulgar y el dedo índice del niño. Haz este movimiento hacia arriba y hacia abajo coincidiendo con las palabras del poema.

"Subir y bajar la montaña"
Continúa haciendo el mismo movimiento pero esta vez subiendo por el dedo índice y bajando hacia el valle que queda entre el dedo índice y el dedo medio.

"Subir y bajar la montaña"
Continúa siguiendo el contorno de los dedos del niño

"Subir y dar la vuelta"
Cuando termines de delinear sus dedos te encontrarás entre el dedo anular y el meñique. Cuando digas "dar la vuelta", rápidamente traza una línea alrededor del dedo meñique, cruzando por la palma de la mano hacia su dedo pulgar.

"Para lograr entrar al colegio"
Guarda el dedo pulgar del niño entre la palma de su mano. Envuelve el pulgar en los demás dedos bajándolos uno por uno hasta que la mano del niño quede empuñada con el dedo pulgar metido entre los demás (metiendo el dedo pulgar entre el colegio). Termina la interacción apretando amorosamente su puño entre tus manos.

♥

MANITAS CALIENTITAS

Calientitas las manitas calientitas
¿Sabes cómo
Tostar esos deditos?
¡Soplaré ya mismo tus manitas
calientitas!
Calientitas las manitas calientitas
¿Sabes cómo
Tostar esos deditos?
¡Frotaré ya mismo tus manitas
calientitas!

Preparación e instrucciones:

Esta interacción es maravillosa para utilizarla durante los días de invierno o en cualquier momento que sientas que el niño necesita calentarse.

"Calientitas las manitas calientitas"
Toma las manos del niño en las tuyas y frótalas rápidamente para calentarlas
¿Sabes cómo
Continúa moviendo tus manos por encima de las manos del niño
Tostar esos deditos?
Envuelve sus manos entre las tuyas creando una cuevita con tus manos. Asegúrate de estar al nivel visual del niño.
¡Soplaré ya mismo tus manitas calientitas!
Con las manos del niño envueltas en esta "cueva", lleva sus manos hacia tu boca y sopla suavemente adentro de la cueva para calentar sus manos con tu aliento.

Segundo verso: Este verso se hace de la misma manera que el anterior pero en lugar de soplar, frota las manos del niño con las tuyas.

LA VACA LOLA

*La (adjetivo que describe a la niña/
niño) (nombre del niño)
La (adjetivo que describe a la niña/
niño)(nombre del niño)
Tiene cabeza
Orejas
Y boca
Y hace muuua
Y hace muua*

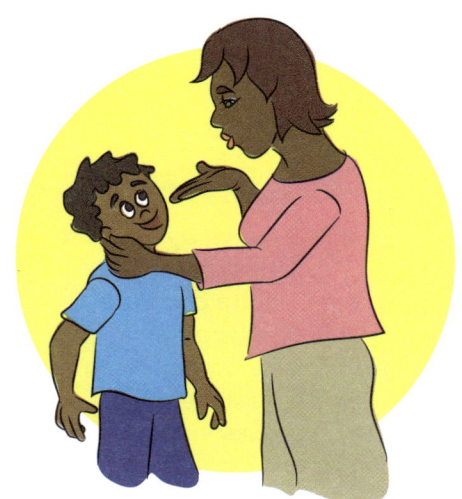

Preparación e instrucciones:

Sentado frente a frente al niño toma sus manos y pídele que las empuñe dejando el dedo pulgar afuera apuntando hacia abajo. Luego, envuelve los dedos pulgares del niño en tus manos y jala hacia abajo y hacia arriba, haciendo un movimiento que simule eres un granjero que está ordeñando una vaca. La canción se puede hacer dos veces para poder cambiar los roles. La primera vez, el adulto actuará como el granjero que ordeña a la vaca y el niño será la vaca. En la segunda interacción se cambiarán los papeles.

"La (adjetivo que describe a la niña/niño)(nombre del niño)"
Haz el movimiento de ordeña descrito anteriormente
"Tiene cabeza"
Toca suavemente la cabeza del niño
"Orejas"
Suavemente, presiona sus orejas haciendo movimientos circulares
"Y boca"
Acera tus manos a tu boca

preparándote para mandarle un beso soplado al niño
"Y hace muua, y hace muuua"
Exagera este mugido mandándole un beso y sonriendo de manera juguetona.

Variaciones: La versión original de esta canción habla de la vaca Lola. Puedes personalizar este juego diciendo el nombre del niño en vez de Lola cuando cantes la canción y cambiando la palabra vaca por un adjetivo que describa al niño.

PIMPÓN

Pimpón es un muñeco muy (listo)
y juguetón
Se lava la carita con agua
y con jabón
Pimpón dame la mano con
un fuerte apretón
Que quiero ser tu amigo
Pin pon pin pon pin pon

Preparación e instrucciones:

Esta interacción se puede hacer sentado frente a frente con niños más grandes o alzando al niño en tus brazos si es un bebé. Si es un bebé, cerciórate de tenerlo alzado mientras estás sentado para que puedas tener una mano libre para hacer los movimientos.

"Pimpón es un muñeco muy listo y juguetón"
Mira al niño con entusiasmo transmitiéndole tu amor y admiración.
"Se lava la carita con agua y con jabón"
Frota suavemente los cachetes del niño en forma circular.
"Pimpón dame la mano con un fuerte apretón"
Toma la mano del niño y apriétala suavemente

"Que quiero ser tu amigo"
Sacude la mano del niño cariñosamente
"Pin pon pin pon pin pon"
Continúa sacudiendo su mano y termina con un abrazo o una amable sonrisa.

Variaciones: La versión original de esta canción utiliza la palabra "guapo". Para enfocarnos en resaltar valores mas intrínsicos en los niños, proponemos cambiar la palabra "guapo" por otro adjetivo como "listo", "cariñoso", "responsable", etc. Se puede substituir la palabra "Pimpón" y utilizar el nombre del niño para hacer que la interacción sea más personal.

EL CONEJO AMIGABLE

El conejo con sombrero viejo
Salió a pasear
Y cuando se encontró con su amigo
el ratón
Empezaron a cantar
Un rato luego a los dos los vieron
Salieron a pasear
Y cuando vieron a su amigo el león,
Lo invitaron a jugar

Preparación e instrucciones:

Este ritual amoroso se hace utilizando las manos para representar a los animales (conejo, ratón y león). El adulto representa al conejo y al león y el niño representa con su mano al ratón. Una vez que hayan hecho el ritual y el niño conozca la letra y canción, se pueden intercambiar los roles. La idea es que sea una interacción juguetona en donde los animales se hagan amigos y jueguen juntos.

"El conejo con sombrero viejo"
El adulto representa al conejo con su mano cerrada y subiendo los dedos índice y medio para representar las orejas del conejo
"Salió a pasear"
El adulto mueve la mano que representa al conejo simulando que va de paseo
"Y cuando se encontró con su amigo el ratón"
El adulto mueve su mano hacia la del niño, quien representa al ratón

con su mano
"Empezaron a cantar"
Los dos enganchan las manos que representan a los animales y actúan como si estuvieran cantando
"Un rato luego a los dos los vieron Salieron a pasear"
Con los brazos enganchados los dos se mueven dando saltitos juntos
"Y cuando vieron a su amigo el león"
El adulto saca la otra mano que representa al león
"Lo invitaron a jugar"
El adulto y el niño unen sus tres manos representando a los tres animales jugando juntos.

Capítulo 6

Interacciones graciosas

"Los ángeles pueden volar porque se toman a sí mismos a la ligera."

-Anónimo

SALUDOS FAMILIARES

Preparación e instrucciones:
Para empezar, saluda al niño con una gran sonrisa, dile "Buenos días" y dale la mano.

El juego: Mientras tomas la mano del niño, dile "Vamos a jugar un juego de saludos con la mano. Después de sacudir tu mano voy a agregarle otro movimiento al saludo". Puedes darle la mano, sacudirla y subir el dedo pulgar (pídele al niño que suba su pulgar también) y junten los pulgares de los dos. Luego, agrégale otro movimiento al saludo: puede ser deslizar las manos. En este momento, el niño ya se habrá hecho una idea de cómo funciona el juego. Pídele al niño que agregue el siguiente movimiento. Puede ser un "choca esos cinco". Repite el saludo: dar la mano, tocar pulgares, deslizar manos, y chocar esos cinco. Involucra a toda la familia en crear un saludo. Cada miembro de la familia puede agregar un movimiento. Este saludo puede convertirse en un ritual familiar para saludarse o para despedirse.

Variaciones: En vez de hacerlo con un saludo de mano, puedes hacerlo con abrazos de dedos meñiques. El juego comienza con el adulto entrelazando su dedo meñique con el dedo meñique del niño y anunciando: "Este es un abrazo de meñiques". Puedes agregarle diferentes tipos de abrazos al abrazo de meñiques, como abrazos de codos, abrazos de rodillas o abrazos de dedos pulgares. Después de agregar cada nuevo "abrazo", recuerda comenzar de nuevo empezando siempre por el abrazo de meñiques.

MI MANO ESTÁ PEGADA

Preparación e instrucciones: Este juego comienza poniéndole la mano encima al niño y diciendo: "mi mano está pegada". Es un juego maravilloso para jugar cuando el niño está reacio a permanecer cerca del adulto en público o a darle la mano.

El juego: Pretende que tu mano está pegada y que no se puede despegar del niño por más fuerza que hagas y por mucho que trates. Luego, buscas el botón mágico que hará que tu mano se libere. Puedes decir y hacer lo siguiente: "¿Me pregunto si el botón mágico está aquí?" Aprieta el dedo pulgar del niño: "No, no está aquí". Continúa luchando con tu mano pegada al niño: "De pronto está aquí". Aprieta la rodilla del niño: "¡No! ¿Dónde estará ese botón?" Busca por todas partes del niño: "Lo veo. ¡Ya sé dónde está!" Presiona la cabeza del niño mientras, simultáneamente, liberas tu mano.

SALUDOS

Preparación e instrucciones:

La meta de este juego es ser gracioso y encantador.

El juego: Cuando el niño llegue a casa de la escuela, comienza por sacudir su mano y decirle, "Qué maravilloso es verte". Ahora, comienza a ponerte gracioso y empieza a sacudir otras partes del cuerpo. Dale la mano al pie del niño y dile, "Qué maravilla conocerte señor pie". Sacude otras partes del cuerpo del niño, como el codo, la rodilla, el dedo meñique, la oreja, el pelo, los pulgares y la nariz.

¿QUÉ TRAJISTE A CASA DE LA ESCUELA?

Preparación e instrucciones: Juega este juego cuando saludes a tu hijo después de la escuela.

El juego: Dile al niño: "¿Qué trajiste a casa de la escuela hoy?" Luego, haz un inventario de todas las cosas (partes del cuerpo) que trajo. Puedes decir, "Veo que trajiste tus dedos, tus hombros, tus orejas…". Cada vez que nombres una parte del cuerpo, tócala. Es importante que no menciones artículos de ropa u otros artículos que no sean parte del niño. El enfoque debe estar en ver y tocar al niño. Si nos enfocamos en cosas materiales, les mandamos el mensaje que sus pertenencias son más importantes que ellos mismos.

MI CARA TIENE UN REGALO PARA TI

Preparación e instrucciones:
Este juego es similar al juego de "escoge una mano". En este juego tradicional, una persona esconde las manos detrás de su espalda, ocultando un objeto secreto en una de las dos manos. Luego, la persona saca las manos y las pone en frente de él o ella para que la otra persona las vea. La persona debe tratar de escoger en cuál de las dos manos está el objeto. Si la persona elige la mano que contiene el objeto, entonces él o ella tiene derecho a quedarse con la sorpresa.

En esta versión del juego también debes esconder tus manos detrás de tu espalda, pero no guardarás ningún objeto. Simplemente esconde tus manos y luego tráelas en frente tuyo para que el niño las vea.

El juego: Dile al niño: "Escoge una mano, cualquier mano". Cuando el niño escoja una mano, rápidamente haz una mueca (cara graciosa) y un sonido. Puedes reírte, gruñir, suspirar, carcajearte, etc. Luego, esconde tus manos detrás de tu espalda de nuevo. Vuelve a traer tus manos al frente y pídele al niño que elija otra vez una mano. Ahora, haz otra cara graciosa y continúa con el juego. Trata de mantener un ritmo rápido de juego.

Variaciones: Cuando el niño ya esté familiarizado con el juego, permítele ser el líder. Trata de imitar las caras que hace el niño.

TRAVIESO YO

Preparación e instrucciones:
Estas son interacciones divertidas que cambian o alteran la secuencia habitual de eventos cotidianos. Estas interacciones aportan un elemento de sorpresa a la cotidianidad. El tipo de interacciones que crees está limitado por tu imaginación. Sé creativo y juguetón. Mira a ver cuántas interacciones de estas logras inventarte.

El juego: Comienza con las siguientes ideas y luego dale rienda suelta a tu imaginación para crear nuevas interacciones.

- Ponle los zapatos al niño en el pie equivocado.
- Ponle el zapato o la media en la mano. Luego, trata de ponérselo en el codo.
- Aprieta la nariz (ombligo u otra parte del cuerpo del niño) y haz un sonido gracioso al mismo tiempo.
- Péinale la rodilla como si fuera la forma natural y habitual de peinarle el cabello.
- Sóplale en la mano, la barriga u otra parte del cuerpo. Nombra los sonidos que haces diciéndole, "Mira, tienes un elefante en tu mano. ¿Lo ves? Aquí está". Y sopla otra vez. Sopla tres veces como un elefante y pregúntale al niño: "¿Cuántos elefantes escuchaste?" A veces, estos soplidos suenan más como patos. Utiliza tu imaginación para definir qué animal está sonando.

PIES DE GOMITAS

Preparación e instrucciones:
Este es un juego maravilloso para jugar cuando le estás quitando las medias o los zapatos al niño. Siéntate cómodamente con el niño delante de ti o en una silla.

El juego: Toma el pie de tu niño y comienza a sentir su pie dentro del zapato con tus dedos. Cuando llegues a los deditos, di: "Creo que tienes gomitas aquí adentro. Me encantan las gomitas. Mmmm ¡qué rico!"

Continúa el juego quitándole los zapatos mientras hablas de las deliciosas gomitas de dulce y de las ganas que tienes de verlos, olerlos, probarlos. Una vez que le quites los zapatos, continúa de la misma forma con las medias.

Puedes decir, "Ahora sé que son gomitas. Pero espera, se están moviendo. De pronto, son gomitas saltarinas". Exagera tus expresiones faciales. Quítale las medias y di con sorpresa y encanto: "¡Son pies! Maravillosos, hermosos, perfectos pies". Finge comerte las "gomitas". Muchos niños llegan a casa con los pies llenos de arena o de tierra. Utiliza este momento para limpiarlos.

EL JUEGO DE SÍ Y NO

Preparación e instrucciones:
Este es un buen juego para jugar con un niño que esté malhumorado. Dile al niño, "Cuando yo diga sí, tu vas a decir no. Hablarás exactamente como yo hable. Si yo digo sí muy fuerte, tu dirás no muy fuerte".

El juego:
Comienza diciendo "Sí" en tu tono de voz normal. Espera a que el niño diga "No" en su tono de voz normal. Si el niño parece no entender el juego modela para él tanto el sí como el no. Ahora di "Sí" en un tono de voz alto y agudo. El niño debe responder "No" en un tono de voz alto y agudo.

Cambia tu voz, el tono y el volumen mientras continúas con el juego. Exagera tus expresiones faciales y los sonidos. También puedes jugar moviendo la cabeza para indicar "Sí". En este caso, el niño debe responder moviendo la cabeza para indicar "No". Puedes ser tan gracioso como quieras. Puedes decir "Sí" mientras te ríes, estornudas, finges tener hipo o lloras.

TIENES UN REGALO

Preparación e instrucciones:
Este juego puedes jugarlo durante las festividades especiales como Navidad, Januká o una celebración de cumpleaños. También puedes jugarlo cuando has regresado de viaje y tu niño te pregunta si le has traído un regalo.

El juego:
Toma papel periódico o papel de reciclaje y envuelve la mano de tu niño en él. Utiliza este momento para tocar al niño de forma afectiva. La meta no es envolver la mano, sino conectarse con el niño y tocarlo. Después de haber envuelto la mano, finge que le estás poniendo un lazo o un moño encima.

Dile: "Qué regalo tan maravilloso. Se ve hermoso. Me pregunto qué será". Empieza a desempacar la mano lentamente, expresando cada sentimiento y cada idea que te surja. Puedes decir, "Estoy muy emocionado. Este es el mejor regalo del mundo. No me aguanto las ganas de verlo. Sé que será perfecto". Cuando tengas la mano parcialmente desempacada, mete tu mano para sentir lo que puede haber adentro. Comenta lo que encuentras. Puedes decir, "¿Qué será esto? Creo que encontré un dedo. Un dedo maravilloso del tamaño perfecto y del color perfecto. Déjame ver. Es absolutamente hermoso. Me pregunto si hay más". Una vez que hayas abierto todo el "regalo", toma al niño en tus brazos expresando que lo amas de todas las maneras posibles. Si trajiste un regalo de verdad, después de este juego sería un momento excelente para entregárselo.

LA NIÑA (NIÑO) LISTA DE MAMÁ

Preparación e instrucciones:
Esta actividad es maravillosa para apoyar la transición de ir a la escuela, ya sea por la mañana o al empezar el nuevo año escolar. Es una canción que puedes cantar al ritmo de "Brilla, brilla estrellita".

El juego: Arrodíllate o alza a tu niño para que queden frente a frente, haciendo contacto visual. Cántale la siguiente canción:

La niña (el niño) lista(o) de mamá,
Es preciosa(o) de verdad
Todos la (lo) amamos mucho, mucho
Y en el colegio aprenderá mucho
Ponte pronto la camisa
Ir al colegio, ¡qué buena noticia!

Capítulo 7

Juegos relajantes y que nos ayudan a calmarnos

"El éxito en la vida podía definirse como el crecimiento continuo de la felicidad y la realización progresiva de unas metas dignas".

-Deepak Chopra

FROTA Y SECA

Materiales: Necesitarás una toalla pequeña y una botella de agua con atomizador (spray).

Preparación e instrucciones: Sienta al niño en tus piernas y cuéntale que van a jugar frota y seca. Este juego nos sirve mucho para enseñarles a los niños a jugar con sus amigos de forma respetuosa.

El juego: Comunícale siempre al niño lo que vas a hacer antes de hacerlo, esto nos ayuda a fomentar la confianza. Utilizado el atomizador, échale agua al niño en la mano y luego sécala con la toalla haciéndole un masaje al niño en la planta de su mano y en cada uno de sus dedos. Describe en detalle lo que estás haciendo diciendo por ejemplo: "Estoy secando la mano perfecta de (nombre del niño). Esta mano tiene 5 dedos, tiene pequeños pelitos, dos pecas y una cicatríz." Continua de la misma manera con la otra mano. Es más relajante y predecible hacer una mano a la vez. Pregúntale al niño ¿Y ahora a qué le hechamos agua? El niño te indicará la siguiente parte del cuerpo para jugar. Repite el proceso de mojar y secar haciendo masaje y describiendo esa parte del cuerpo.

Variaciones: Cambia de papeles con el niño y pídele que te pregunte ahora a ti qué quieres que te moje. Permítele al niño que moje y seque tu mano o tu brazo. Si el niño moja una parte con la cual te sientes incomodo, dile "no me gusta que me mojes la cara, por favor moja mis rodillas." Esto les enseña a los niños a poner limites de forma respetuosa y amorosa. Es una magnifica oportunidad para practicar el uso de su lenguaje asertivo.

MUEVE LO QUE TOCO

Materiales: Este juego se puede jugar sin materiales o con una gran variedad de texturas que puedes usar para tocar al niño. Estas texturas pueden ser plumas, toallitas, una pañoleta de seda, papel lija o arenoso.

Preparación e instrucciones: Este es un juego maravilloso para jugar con niños que tienen atraso en el desarrollo o que muestran comportamientos impulsivos o dificultad para concentrarse. A muchos niños que se enfrentan a la hiperactividad les cuesta trabajo mover solo un aparte de su cuerpo. Generalmente cuando mueven una parte de su cuerpo, se mueve todo el cuerpo. Este juego le ayuda a los niños a integrar su cuerpo y luego a diferenciar sus partes. Practicar esta actividad en una situación divertida y de juego, le permitirá al niño organizarse mas fácilmente en otros contextos como el colegio.

El juego: Con el niño acostado en frente tuyo comienza el juego diciendo: "Voy a tocar una aparte de tu cuerpo con mi dedo y tu vas a mover solo esa parte. La primera parte que voy a tocar es tu dedo indicie. Mira a ver si puedes mover solo ese dedo y nada más. Lo hiciste, moviste ese dedo y nada más. Eres muy bueno para este juego. Voy a hacer que sea un poco más difícil ahora. Voy a tocar toda tu mano. ¡Mira! También lo lograste. El resto de tu cuerpo estaba completamente quieto. Mantuviste tus piernas quietas (frota las piernas del niño con tus manos). Mantuviste tu cara quieta (toca la cara del niño con tus manos). " Continua el juego tocando otras partes del cuerpo y luego notando los logros del niño.

Variaciones: Juega ahora pidiéndole al niño que cierre sus ojos y utilizando objetos con diferentes texturas. Es importante no hacerle cosquillas al niño ya que las cosquillas lo pueden distraer del propósito del juego.

ADIVINA QUÉ ESTOY PINTANDO

Preparación e instrucciones:
Para empezar el juego haz que el niño se siente dándote la espalda. Vamos a pretender que su espalda es el "papel".

El juego: Dile al niño: "Voy a pintar o a escribir (dependiendo del nivel de lectoescritura del niño) algo en tu espalda. ¿Puedes adivinar lo que estoy escribiendo/pintando?". Asegúrate de que lo que escribas o pintes sea fácil de adivinar para el niño. La meta del juego es tocar al niño y disfrutar de la interacción entre los dos. La meta no es hacerle un examen de ortografía ni ponerlo en una situación en la que pueda fracasar. Si deseas escribir letras o números, dile, "Voy a escribir una letra o un numero en tu espalda. ¿Puedes adivinar qué letra es? ¿O qué numero es?". Para niños más pequeños puedes pintar figuras. Termina el juego con un masaje relajante de espalda.

Variaciones: También puedes jugar un juego que se llama "dos en un lápiz." Para este juego, necesitarás un papel, una crayola, un marcador, un lápiz o un bolígrafo. Con tu mano, toma la mano del niño y guíalo mientras escribes una nota. Puedes escribir mensajes que celebren la relación que existe entre ustedes como: "Me alegra verte".

PONIÉNDOLE CREMITA A LOS DOLORES

Materiales: Necesitarás un tarro de crema de manos, preferiblemente que tenga dispensador.

Preparación e instrucciones:
Este es un juego maravilloso para jugar con niños después de que han sentido algo de dolor- ya sea dolor físico como un golpe o haberse caído de la bicicleta o dolor emocional como el de haber perdido a un ser querido o una mascota. Busca las heridas del niño, no importa que sean viejas o nuevas. El tamaño de la cicatriz o de la herida tampoco es importante.

El juego: Empieza el juego diciendo, "Voy a ponerle cremita a tus heridas. Veo una aquí, seré muy cuidadosa/o." Continúa buscando "heridas" en el cuerpo del niño. Si la herida es vieja, la crema se puede echar directamente sobre la cicatriz o el golpe. Si la herida es nueva, debes ser muy cuidadoso de aplicar la cremita alrededor de la herida. Pon un poco de crema en la punta de tu dedo índice y aplícala muy suavemente. Es importante que mientras apliques la crema, repitas el mensaje "Yo te voy a cuidar. No más heridas para ti". A veces, el mismo niño te ayudará a encontrar las heridas: mientras le estás poniendo crema a una herida, ya está encontrando la siguiente. Si esto sucede, dile, "Hay tantas heridas y tú quieres que las vea todas. Yo las encontraré. No me olvidaré. ¿Ves esta de aquí? Voy a poner cremita alrededor de ella". A veces, el niño te contará historias de cómo se hizo daño. Es importante escucharlo.

Variaciones: Una variación de este juego se puede hacer con curitas Debes empezar con, por lo menos, dos curas. Pregúntale al niño: "¿Dónde van estas?" El niño o la niña te mostrará donde van las curitas. Si la herida duele, háblale y dile, "Me alegra haberte encontrado, esta curita es para ti".

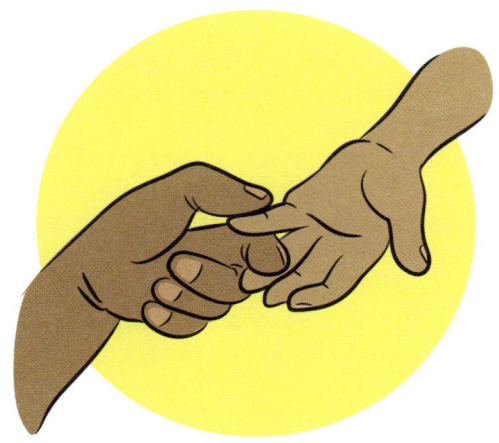

LA HISTORIA DE LA MANO

Preparación e instrucciones:
Juega este juego cuando algo maravilloso le ha sucedido al niño o cuando quieres resaltar sus momentos de éxito.

El juego: Dile, "Es hora de una historia". El niño pensará que le vas a leer un cuento pero, en vez, toma su mano. Empieza con el dedo meñique. Hazle un masajito a este dedo y dile "Este dedito quería aprender a montar la bicicleta sin rueditas (la historia que estarás contando se basará en la vida de tu niño. La historia de la bicicleta es un ejemplo).

Continúa con el siguiente dedo haciéndole un masaje y diciendo, "Este dedito tenía un poco de miedo de caerse de la bicicleta". Continúa al siguiente dedo y di, "Pero este dedito dijo, 'Yo puedo hacer esto, yo se que puedo con

esto'". En el dedo índice, continúa con la historia diciendo, "Entonces decidí seguir y seguir tratando". Por último, llega al dedo pulgar y, con mucha emoción, haz que el pulgar diga, "¡Lo logró, lo logró!" Dobla el pulgar hacia la palma de la mano del niño y di, "Sin ningún problema. Todos los dedos sabían que lo lograría".

Variaciones: Este es un juego maravilloso para jugar con niños que están ansiosos por algo. Mientras masajeas cada dedo, expresa las preocupaciones silenciosas del niño. Cuando llegues al dedo pulgar, encuentra una forma de terminar la historia de una manera que el niño se sienta reconfortado. Este juego es muy poderoso. Sé creativo en tu manera de inventar las historias y en los momentos en que decidas utilizar esta estrategia para ayudar a tu niño a expresar sus sentimientos y a lidiar con ellos.

PEPITO

¡Tun, tun!
¿Quién es?
Pepito
Hola, Pepito, ¿cómo estás?
Dame un besito – mua, mua, mua

Preparación e instrucciones:

Este es un juego maravilloso para saludar a un niño. Parados frente a frente, junte la mano derecha del adulto y la mano izquierda del niño. Los dedos deben estar juntos y estirados mas no entrelazados.

El juego: Empezando con los dedos meñiques muevan los dedos golpeando suavemente las puntas mientras dicen las palabras.

Juntando los dedos meñiques muevan los dedos golpeando suavemente las puntas dos veces mientras dicen las palabras:
¡Tun, tun!
Juntando los dedos anulares muevan los dedos golpeando suavemente las puntas dos veces mientras dicen las palabras:
¿Quién es?
Juntando los dedos corazón muevan los dedos golpeando suavemente las puntas tres veces mientras dicen la palabra:
Pepito
Utilizando los dedos índices, muévanlos de lado a lado mientras dicen las palabras:
Hola, Pepito, ¿cómo estás?
Dame un besito
Utilizando los dedos pulgares muevan los dedos golpeando suavemente las puntas tres veces mientras dicen:
mua, mua, mua

CUENTO DEL DEDITO

El dedo chiquito se despertó
Y este dedito desayunó
Este dedito se fue al colegio
Y este dedito jugó y jugó
Este dedito lloraba y lloraba
"No quiero ir al colegio, quiero a mi Mamá/Papá"
Todos los deditos lo ayudaban
Vas a estar seguro, respira profundo
Tú puedes con esto, estás seguro
Vas a estar tranquilo, ¡te vas a relajar!

Preparación e instrucciones:

Este es un ritual que se puede utilizar para apoyar a los niños cuando no quieren ir al colegio. Antes de que el niño se vaya al colegio o en un momento en donde te comente que no quiere ir al colegio, siéntate en frente del niño y toma su mano suavemente mientras le dices que le vas a contar un cuento.

Con una mano, agarra su muñeca firmemente y, con la otra mano, vas a empezar a masajear desde la base hacia la punta cada uno de los dedos, empezando por el dedo meñique. Mientras das un masaje firme en cada dedo dices cada oración. Los cuatro primeros dedos narran cosas positivas o neutras que el dedo (niño) hace. Cuando llega a masajear el dedo pulgar se narra la preocupación ("No quiero ir al colegio, quiero a mi Mamá/Papá"). Toma el dedo pulgar dóblalo hacia la palma de la mano. Cuando empieza la frase "Todos los deditos lo ayudaban…" dobla los otros dedos, uno a uno, por encima del dedo gordo hacia la palma de la mano, empezando con el dedo meñique y terminando con el índice para que todos "protejan y cuiden" al dedo pulgar. Cuando se dice la frase "Vas a estar seguro, respira profundo" mece la mano del niño lentamente de un lado para el otro. Finalmente, cuando dice "Tú puedes con esto, estás seguro, vas a estar tranquilo, ¡te vas a relajar", lleva suavemente la mano del niño hacia tu pecho y termina tomando aire y respirando profundo.

Variaciones: Este es un ritual que se puede utilizar para apoyar a los niños cuando no quieren ir al colegio o cuando tengan alguna ansiedad o preocupación. Para personalizar el cuento del dedito, reemplaza el problema "No quiero ir al colegio, quiero a mi Mamá/Papá" con cualquiera que sea la situación que genere la ansiedad o preocupación (No quiero ir a acostarme, quiero jugar más).

"El dedo chiquito se despertó"
Haz un masaje firme en el dedo
meñique, desde la base hacia
la punta
"Y este dedito desayunó"
Haz un masaje firme en el dedo anular,
desde la base hacia la punta
"Este dedito se fue al colegio"
Haz un masaje firme en el dedo medio,
desde la base hacia la punta
"Y este dedito jugó y jugó"
Haz un masaje firme en el dedo índice,
desde la base hacia la punta
"Este dedito lloraba y lloraba"
Haz un masaje firme en el dedo pulgar,
desde la base hacia la punta
**"No quiero ir al colegio, quiero a mi
Mamá/Papá"**
Dobla el dedo pulgar hacia la palma de
la mano
"Todos los deditos lo ayudaban"
Dobla los dedos meñique, anular, medio
e índice hacia la palma de la
mano encima del dedo pulgar que ya
está doblado
"Vas a estar seguro, respira profundo"
Mece la mano del niño de lado a lado
"Tú puedes con esto, estás seguro"
Dirige la mano del niño doblada en
puño hacia el pecho del niño
**"Vas a estar tranquilo, te vas a
relajar!"**
Toma aire y respirs profundo mientras
miras al niño y trasmites tu calma

BUENAS NOCHES CODO

Preparación e instrucciones:
Introduce este juego a la rutina de
dormir de tu niño.

El juego: Dile a tu hijo, "Voy a
decirle buenas noches a tus orejas,
a tu pelo, a tu frente, a tus cejas, a
tus hombros, a tus codos". Continúa
hacia abajo por el cuerpo del niño,
diciéndole buenas noches a todas las
partes del su cuerpo. Cada vez que
le des las buenas noches a una parte
del cuerpo, toca esa parte y hazle
un pequeño masaje ayudándole así
a relajarse para dormir. Tómate tu
tiempo. Usa este tiempo también
para relajarte, para soltar los
pensamientos que te invadan en este
momento y para estar presente en el
momento con tu hijo.

Variaciones: Por la mañana puedes
jugar "Despierten codos". Dile
a tu niño, "Voy a despertar a tu
pelo, tus oídos, tu quijada, tu dedo
pulgar, etc." Toca cada parte que
"despiertes".

JUEGO DEL HOT DOG

Materiales: Una cobija o una toalla.

Preparación e instrucciones:
Pon la toalla o la cobija en el piso. Pídele al niño que se acueste encima de la toalla o cobija. Al final del juego, el niño terminará enrollado en la cobija como si esta fuera un pan de hot dog. Asegúrate de que los pies y la cabeza del niño queden por fuera de la cobija o toalla.

El juego: Comienza el juego diciendo que vas a pretender que la cobija es el pan de un hot dog. Pídele al niño que se acueste en la cobija. Di, "Mmm tengo hambre, me encantaría comerme un hot dog. ¡Ay mira! Veo un hot dog justo en frente mío. Le voy a echar salsa de tomate". Pretende que le estás echando salsa de tomate y todo lo que se te ocurra echarle a un hot dog. Pregúntale al niño, "¿Qué te gusta echarle al hot dog?" Una vez el hot dog tenga todo lo que te gusta echarle, envuelve al niño en la cobija. Cuando esté enrollado, lo puedes sentar en tus piernas o dejarlo en el piso. Ahora, finge que te estás comiendo el hot dog.

Variaciones: Puedes enrollar al niño y después decir, "Se me olvidó echarle los pepinillos". Desenróllalo, échale los pepinillos y vuélvelo a enrollar. Esta variación te permite enrollar y desenrollar al niño hasta que el niño se sienta cómodo para permanecer enrollado por un periodo de tiempo. Este juego es relajante para niños que tienen déficit de atención. Puedes cambiar el juego y hacerlo como si fuera un burrito en vez de un perro caliente.

DIME CUANDO LLEGUE AL FINAL

Materiales: Crema de manos.

Preparación e instrucciones: Este es un juego maravilloso que se puede jugar independientemente o también en conjunto con el juego "Poniéndole la cremita al dolor" (página 91). También es una forma divertida de ponerle protector solar a un niño.

El juego: Comienza el juego echándote crema en las manos y poniéndosela en la mano y el brazo al niño. Empezando cerca al codo o al hombro, haz un círculo alrededor del brazo del niño con tus manos y, lentamente, baja tus manos haciendo un masaje. Dile, "Dime cuando llegue al final". Lentamente, continúa bajando por el brazo hasta que llegues a la mano y al final del dedo más largo, ocasionalmente preguntando, "¿Ya estoy llegando al final?" Es posible que tengas que darle la señal al niño varias veces antes de que empiece a identificar cuando hayas llegado al final. Si el niño no identifica el final, simplemente dile, "¡Aquí está! Encontré el final". Variaciones: Haz la misma actividad en las piernas del niño. Comienza en el muslo y ve bajando hasta que llegues a la punta del dedo más grande del pie.

Capítulo 8

¿DÓNDE ESTÁ _____ DÓNDE?

¿Dónde está (nombre del niño)?
¿Dónde?
¿Dónde está (nombre del niño)?
¿Dónde?
¿Se ha ido a la montaña? No, no
¿Debajo de la fuente? No, no
¿Se ha ido a jugar? No, no
Yo veo a (nombre del niño)
¡Aquí está!

Materiales: Una cobija o manta para tapar y descubrir al niño.

Preparación e instrucciones:
Este juego es maravilloso para jugar con tu hijo cuando vuelve de la escuela o cuando mamá o papá han vuelto del trabajo.

El juego: Sentados en el piso, invita al niño a taparse la cara con la cobija o manta mientras cantas: "¿Dónde está (nombre del niño)? ¿Dónde? ¿Dónde está (nombre del niño)? ¿Dónde? ¿Se ha ido a la montaña? No, no. ¿Debajo de la fuente? No, no. ¿Se ha ido a jugar? No, no".

Destapa al niño y canta: "Yo veo a (nombre del niño) ¡Aquí está!" Termina el juego dándole un abrazo fuerte al niño.

¿QUIÉN VINO A JUGAR?

¿Quién vino a jugar?
(Nombre del niño)
(Nombre del niño)
¿Quién vino a jugar?
(Nombre del niño)

Materiales: Una cobija (opcional).

Preparación e instrucciones:
Este es un buen juego para jugar antes de empezar una sesión de juego o una cita de juego con tu niño. También se puede jugar en grupo.

El juego: Sienta al niño en frente de ti y tápalo con la cobija. Pregunta cantando, "¿Quién vino a jugar?" Destapa al niño cuando digas su nombre y vuélvelo a tapar. Repite la pregunta y vuelve a destaparlo cuando digas su nombre otra vez.

LA CAJITA ROJA

*Yo quisiera tener
una cajita roja para meter a
(nombre del niño)
Yo la/lo metería
Y /lo besaría
Y la/lo volvería a sacar*

Materiales: Una caja lo suficientemente grande para que quepa el niño.

Preparación e instrucciones:
Antes de comenzar el juego, puedes pintar y decorar la caja con tu hijo. Este juego puede ser jugado de forma individual o en grupo. Proporciona input propioceptivo que ayuda a generar en los niños noción de dónde está su cuerpo en el espacio.

El juego: Pídele a tu hijo que se meta en la caja y empieza a cantar: "Yo quisiera tener una caja (color) para meter a (nombre del niño)" mientras le das golpecitos a la caja. Cuando llegues a la parte que dice, "Yo lo metería y lo besaría", abre la caja, saca al niño y ponlo en tus piernas para darle un beso o un abrazo.

Una variación de este juego es hacerlo con un hula hula o con un túnel expandible.

ME ESCONDO

Me escondo, me escondo
No me vas a encontrar.
Voy a estar en silencio acá
Y tú me buscarás.
Y cuando tú me busques
Por todo el lugar,
Voy a saltar diciéndote
"¡Volvamos a empezar!"
Yo saltaré diciéndote
"¡Volvamos a empezar!"

(2x)

Materiales: Dos mantas, toallas o cobijas pequeñas.

Preparación e instrucciones:
Sentados uno al lado del otro, cubre tanto al niño como a ti, cada uno con una cobija.

El juego: Cubiertos con la cobija, canta la canción y cuando llegues a la parte del grito, ambos se destapan y gritan: "¡Volvamos a empezar!" Después de que le modeles este juego a tu niño, el niño pronto podrá esconderse solito y saltar cuando sea el momento de gritar.

Variaciones: En lugar de gritar "Volvamos a empezar", el niño puede gritar "Aquí estoy". En respuesta, contestarías, "Ahí estás y me alegro mucho. Pensé que no estabas y te extrañé". Otra variación es que el niño diga "¡Bu!" Tu respuesta puede ser, "Me querías asustar. Veo tus ojos cafés y tu cabello negro. ¡Me encanta verte!" Lo que sea que el niño grite, tú respondes mandando el mensaje: "Te veo. Me alegra que tú seas tú. Te extrañé mientras no estabas".

¿DÓNDE ESTÁN TUS MANOS?

Aplaude tus manos, un, dos, tres.
Juega conmigo a la vez.
Ups, tus manos se escondieron,
Yo las encontraré.

Preparación e instrucciones:

Siéntate con el niño frente a ti. Este juego involucra un patrón de aplausos. El patrón más simple es que el niño aplauda juntando sus manos. Para ponerle un reto, enséñale a que toque sus rodillas y luego aplauda sus manos. El patrón más difícil es que el niño toque sus rodillas, aplauda y luego toque sus manos con las tuyas. Si el niño lo logra, puedes utilizar este patrón.

"Aplaude tus manos, un, dos, tres"
Di las palabras, "Aplaude tus manos". Luego, mientras dices "un, dos, tres" aplaude y haz que el niño aplauda tres veces.

"Juega conmigo a la vez"
Mientras dices estas palabras, utiliza uno de los patrones que mencionamos arriba. En últimas, la idea es que el niño toque sus rodillas dos veces (mientras tú tocas tus rodillas dos veces), aplauda dos veces con sus manos (mientras tú aplaudes dos veces) y junte sus manos con las tuyas tres veces.
"Ups, tus manos se escondieron".
Haz que el niño esconda sus manos. Puede ponerlas detrás de su espalda, debajo de sus piernas o debajo de su camisa.
"Yo las encontraré"
Encuentra las manos del niño y sostenlas. Una vez que hayas encontrado las manos, repite el juego. Repítelo cuantas veces quieras mientras sea divertido.

¡PEEK-A-BOO! ¡TE VEO!

Materiales: Este juego se puede jugar sin materiales o se puede jugar con toallas, mantas, bufandas o cualquier material, incluyendo tus manos, que puedas usar para esconder al niño o a ti mismo.

Preparación e instrucciones: Este es un juego que se juega tradicionalmente en los países angloparlantes. Puedes jugar el juego tapando tu cara o la del niño.

El juego: Empieza el juego con uno de los dos tapándose con uno de los objetos (cobija, manta, bufanda, etc.) o con la mano. Luego continúa diciendo, "¿Dónde está (nombre del niño)? ¿Dónde estará? Estaba aquí hace un minuto. ¿Estará en mi zapato? ¿Debajo del tapete? ¿Estará en mi mano?" Busca en lugares graciosos. Continúa hasta que lo encuentres. Cuando lo encuentres di, "¡Ahí estás!" Entonces describe lo que ves. Puedes decir, "Veo tus ojos azules, tu dedo meñique y tus dos rodillas." Al describirle al niño lo que ves, te conviertes en un espejo para él. Este reflejo fortalece el cerebro de tu niño, literalmente creando las conexiones neurológicas necesarias para tener autocontrol en el futuro.

ENCUENTRA LAS CALCOMANÍAS

Materiales: Usa calcomanías de las que puedes encontrar fácilmente en cualquier tienda. A los niños les encantan las calcomanías y estas son excelentes regalos sorpresa.

Preparación e instrucciones: Antes de ver al niño, toma cuatro o cinco calcomanías y escóndelas en tu cabeza. En un principio, asegúrate de que las calcomanías sean fáciles de encontrar. Puedes ponerte una calcomanía en cada oreja como si fueran aretes, una en tu frente, una debajo de tu cabello. ¡Sé creativo!

El Juego: Comienza el juego

diciéndole al niño, "Escondí cuatro calcomanías en mi cara, mira a ver si las puedes encontrar". Mientras el niño busca, narra todo lo que el niño hace (narrar se refiere a simplemente decir en voz alta lo que el niño está haciendo. Se parece al trabajo que hace un locutor en un juego de futbol. Puedes decir, "Estás mirando mis orejas. ¡Ajá, encontraste una! Ahora me la estás quitando suavemente y me la estás dando".) Cada vez que el niño te de una calcomanía, ponla en cada dedo de una de tus manos para guardar las que va encontrando el niño. Una vez que las tengas todas guardadas, puedes empezar el juego de nuevo o jugar una variación del juego.

Variaciones: Una vez que el niño haya encontrado todas las calcomanías, puedes empezar a jugar el "Intercambio de calcomanías" diciendo, "Voy a quitarme la calcomanía del dedo pulgar y me la voy a poner en la quijada". Hazlo. Luego, dile al niño, "Quita la calcomanía de mi quijada y póntela en la nariz". De aquí en adelante, empieza a jugar un juego de turnos en el que tú le quitas una calcomanía al niño y la pones en tu cara, y luego el niño quita una calcomanía de tu cara y la pone en la suya. Cada movimiento de la calcomanía es narrado. Tú hablas por el niño y por ti mismo, a menos de que el niño se dé cuenta de la narración y comience a hablar por el mismo. Tu observación puede sonar así: "Voy a quitar la calcomanía de tu quijada y la voy a poner en mi nariz. Ahora, tú la estás quitando de mi nariz y la estás poniendo en tu (dale tiempo al niño para que elija) oreja".

partes de su cuerpo). Continúa el juego quitándole la camiseta al niño. Ahora, te puedes acercar a la mano del niño y decir, "Hola mano". Juega este juego con las manos, las rodillas, los codos, los hombros, o cualquier otra parte del cuerpo.

HOLA PIES, ADIÓS PIES

Preparación e instrucciones:
Este es un gran juego para jugar cuando estás vistiendo o desvistiendo a tu niño.

Quítale las medias y los zapatos. Cuando el niño ya no tenga zapatos ni medias, acerca uno de los pies del niño a tu cara o acerca tu cara al pie del niño y di, "Hola pies". En este punto, puedes mirarlos, soplarlos, contar los dedos, tocarlos, besarlos o pretender morderlos. Rápidamente, di "Adiós pies" y escóndelos donde ya no los puedas ver. Ahora comienza a habar como si estuvieras jugando escondidas. "¿A dónde se fueron esos pies? Los acabo de tener en mis manos. Eran tan hermosos. Ahora se me perdieron. ¿Y ahora que voy a hacer? De pronto los puse aquí" (busca los pies por todas

Capítulo 9

Juegos para abrazarse y acurrucarse

"El momento ideal para relajarse es el momento en el cual no tienes tiempo para hacerlo."

-Sidney J Harris

REMA, REMA TU BARQUITO

Rema, rema, tu barquito
Rema, rema suavecito (rapidito)
Rema, rema despacito (rapidito)
Llegamos a la orilla
¡Y estamos a salvo!

Preparación e instrucciones:
Siéntate en el piso con tus piernas cruzadas. Invita al niño a sentarse frente a ti. Pon tus brazos alrededor del niño y abrázalo.

El niño está sentado cómodamente en un maravilloso barquito.

El juego: Mece al niño hacia delante y hacia atrás mientras cantas la canción. Después de haber cantado la canción una vez, hazlo de nuevo pero esta vez dile al niño que viene una tormenta. "Viene una tormenta, tengo que tenerte fuerte para que no te vayas a caer del bote". En este punto, comienza a rodar de un lado al otro, como si el bote estuviera atravesando una terrible tormenta, sosteniendo al niño cada vez más cerca de ti. Canta la canción en un tono fuerte y agitado. Una vez que hayas cantado la canción durante la tormenta, dile al niño, "La tormenta terminó, el mar está calmado". Canta la canción una vez más en un tono suave y calmado. Termina la canción respirando profundamente, diciendo, "Estamos a salvo".

Variaciones: "Mi abuelo solía jugar este juego conmigo. Durante la parte de la tormenta, decía '¡Oh no! Le hemos pegado a una roca. Vamos a naufragar. Yo te salvaré.' Luego, me alzaba en sus hombros para salvarme del ahogo. Después me llevaba cargada a la mesa para comer o a la cama."

ARRURRU MI NIÑO

Arrurru mi niño
Arrurru mi amor
Arrurru pedazo de mi corazón
Este niño lindo que nació de día
Quiere que lo lleven a la dulcería
Arrurru mi niño,
arrurru mi amor
Arrurru pedazo de mi corazón
Este niño listo que nació de noche
Quiere que lo lleven a pasear en coche
Arrurru mi niño arrurru mi amor
Arrruru pedazo de mi corazón

Preparación e instrucciones:
Este ritual puede utilizarse como un ritual para dormirse o finalizar el día. Puede formar parte de la rutina de acostarse. Es un excelente ritual reparador para terminar el día con el mensaje de que, a pesar de las dificultades que podamos tener, nuestros niños siempre tendrán un lugar en nuestros corazones.

El juego: Toma al niño en tus brazos, ya sea arrullado en posición de bebé o abrazado. Muévelo de un lado al otro, meciéndolo suavemente mientras cantas:

Arrurru mi niño
Arrurru mi amor
Arrurru pedazo de mi corazón
Toma al niño en tus brazos, ya sea arrullado en posición de bebé o abrazado. Muévelo de un lado al otro meciéndolo suavemente mientras cantas
Este niño lindo que nació de día
Quiere que lo lleven a la dulcería
Toca suavemente la nariz del niño al cantar este verso y continúa meciéndolo tiernamente
Este niño lindo que nació de noche
Quiere que lo lleven a pasear en coche
Finge que estás paseando al niño en coche, meciéndolo un poquito mas fuerte.
Arrurru mi niño
Arrurru mi amor
Arrurru pedazo de mi corazón
Al finalizar la canción, respira profundamente y transmítele todo el amor y toda la calma al niño. Sostenlo unos segundos cerca de tu corazón.

LA HAMACA

Materiales: Para este juego se necesitan dos adultos y una cobija suficientemente gruesa y grande para sostener a un niño.

Preparación e instrucciones: Extiende la cobija en el piso y ubica al niño sobre ella. Cada adulto debe tomar dos esquinas de la cobija.

El juego: Cuando uno de los dos adultos de la señal, el niño será levantado utilizando la cobija como si fuese una hamaca. Los adultos deben mecer al niño suavemente mientras cantan una canción de cuna. Luego, los adultos vuelven a bajar al niño al piso siguiendo una señal. Puedes decir, "Vamos a bajar al niño a la cuenta de tres. ¿Listos? Uno, dos, tres". Las señalas entrenan al niño para escuchar cuidadosamente. El mensaje es el siguiente: "Si escuchas cuidadosamente,

entonces sabrás qué te va a pasar". Verbaliza todos los movimientos de regreso al piso para que el niño sepa exactamente lo que está pasando. Puedes decir, "Vamos a bajarlo primero de espalda, luego las piernas y, por último, vamos a bajar su cabeza suavemente hasta que esté en el piso".

Existen muchas canciones de cuna que puedes cantar mientras meces al niño. Un ejemplo es "Duérmete niño". Si decides utilizar una canción como esta, te sugiero que cambies la letra para que el mensaje que le transmitas al niño sea un mensaje positivo.

DUERME, DUERME MI NIÑO

Duerme, duerme mi niño
Que tu mamá esta aquí al lado,
mi niño
Te va a arrullar suavemente
así y así
Te va a abrazar suavecito así y así
Duerme, duerme mi niño
Que tu mamá esta aquí al lado,
mi niño
Y cuando el niño se duerma,
viene la mamita y ¡saz!
Le besa la manita chica pumpa
chica pum

Preparación e instrucciones:
Esta actividad es una canción y
una interacción a la vez.

El juego: Tomando el niño en sus
brazos, cante la siguiente canción
mientras lo mece suavemente

"Duerme duerme mi niño
Que tu mamá esta aquí al lado,
mi niño"
Alza al niño en tus brazos o siéntalo en
tus piernas para mecerlo
"Te va a arrullar suavemente así y así"
Arrulla al niño suavemente meciéndolo
de un lado al otro
"Te va a abrazar suavecito así y así"
Abraza suavemente al niño
"Duerme, duerme mi niño
Que tu mamá esta aquí al lado,
mi niño"
Continúa meciendo al niño de
un lado al otro
"Y cuando el niño se duerma, viene la
mamita y ¡saz!
Le besa la manita chica pumpa
chica pum"
Canta estas líneas en un tono muy suave
y termina la canción dándole un beso
muy gentil en la mano

¿ME REGALAS?

¿Me regalas tu dedo gordo del pie?
¡Gracias (nombre del niño)!
¿Me regalas tu rodilla?
¡Gracias (nombre del niño)!
¿Me regalas tu barriga?
¡Gracias (nombre del niño)!
¿Me regalas tu hombro?
¡Gracias (nombre del niño)!
¿Me regalas tu cuello?
¡Gracias (nombre del niño)!
¿Me regalas tu boca?
¡Gracias (nombre del niño)!
¿Me regalas tus ojos?
¡Gracias (nombre del niño)!

Preparación e instrucciones:
Este ritual se puede hacer en cualquier momento del día en donde el niño esté sentado cerca de nosotros, preferiblemente encima de nuestras piernas.

El juego: Cuando el niño esté sentado en tus piernas, empieza a pedirle que te regale las diferentes partes del cuerpo. Cuando preguntes "¿Me regalas tu dedo gordo del pie?" señala el dedo gordo del pie para que el niño lo acerque a tu mano, mientras haces un movimiento como si se lo "quitaras" diciéndole, "¡Gracias (nombre del niño)!". Empieza con partes del cuerpo lejanas a la cara y, poco a poco, ve avanzando hacia la cara para finalmente terminar con los ojos. Mantén el contacto visual durante el juego y recuerda que buscamos conexión por encima de enseñar conceptos. Si el niño se equivoca de parte del cuerpo, responde diciendo "Me diste tu nariz (parte del cuerpo errada), gracias (nombre del niño)!".

Capítulo 10

Juegos de actividad física

"Si el juego ha de ser genuino, debe ser liviano y abarcado sin sentido. Es por esto que usualmente fracasamos si hacemos un esfuerzo para divertirnos".

-Larry Dossey

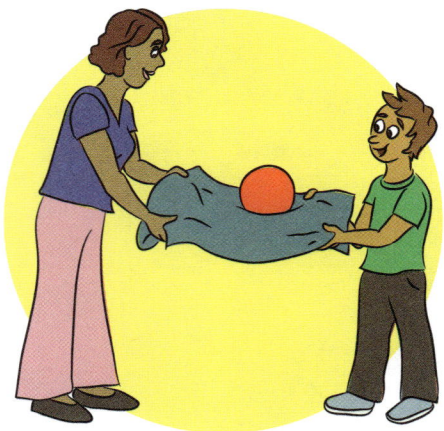

VOLEIBOL DE COBIJA

Materiales: Una toalla o una cobija de bebé y un globo o una pelota suave.

Preparación e instrucciones: Sostén dos puntas de la cobija y haz que el niño sostenga las otras dos puntas.

El juego: Pon la pelota o el globo en medio de la cobija. Después de una señal dada por ti, tú y el niño lanzarán la pelota al aire y la volverán a atrapar con la cobija. Utiliza señales visuales como: "Cuando yo parpadee, quiere decir lánzala." Utiliza señales auditivas como; "1,2,3 ¡lanza!" También puedes decir que la señal es una palabra como, por ejemplo, "cocodrilo". Entonces dirías, "coco, Coca-Cola, cocodrilo". Las señales auditivas o de palabras les enseñan a los niños a escuchar.

Para estructurar el juego:

1. Comunica claramente el objetivo del juego. "Nuestro objetivo es trabajar juntos para lanzar y volver a atrapar la pelota. Podemos contar cuántas veces logramos hacer esto".

2. Da una señal clara: "La señal para empezar el juego será: 'en sus marcas, listos, fuera.'"

3. Para asegurarte de que el niño espere a la señal y sea exitoso, no pongas la pelota en la cobija hasta el momento justo antes de dar la señal.

CAMINO Y PARO

Preparación e instrucciones: Alza al niño en tus brazos si el niño es pequeño. De lo contrario, el juego lo harán los dos de pie.

El juego: Canta o di las siguientes palabras, siguiendo el ritmo que más te convenga: "Camina, camina, camina y…. ¡PARA!" Mientras cantas la canción, camina con el niño en tus brazos. Cuando digas "¡PARA!", frena en seco o siguiendo tus movimientos en el piso. Repite la canción mientras caminas con el niño alrededor de la habitación.

Variaciones: Cambia los movimientos mientras alzas al niño. Cambia de caminar a saltar. "Salta, salta, salta y …. ¡para!" Intenta marchar, mecerte, bailar. ¡Deja volar libre tu imaginación".

EL GRAN ESTRELLÓN

Preparación e instrucciones:
Alza al niño y mécelo en el aire.

El juego: Toma al niño y mécelo por todas partes. Puedes decir, "Mira el avión, cómo vuela por el aire. ¡Oh no! ¡El clima está muy malo! Parece que hay una tormenta. ¡Nos vamos a estrellar!" Tan pronto como digas "¡Nos vamos a estrellar!", cae suavemente al piso con el niño en tus brazos. Continúa la historia diciendo, "¡Qué estrellón! Tengo que revisarte para cerciorarme de que no te hayas lastimado nada". Recuerda que debes tocar las partes del cuerpo que miras. Puedes decir, "Este brazo se ve bien y estas cejas están bien. ¡Ay mira, tu lunar sobrevivió! Tienes los cinco dedos completitos en esta mano". Después de revisar todas las partes, vuelve a despegar. Continúa metiéndote en mal clima o quedándote sin gasolina para continuar jugando el juego.

SOPLANDO ALGODÓN

Materiales: Bolas de algodón y una mesa para jugar.

Preparación e instrucciones:
En una mesa, siéntate en frente del niño tomando sus brazos para delinear el campo de juego. Pon una bola de algodón en el centro de la mesa. Después de tu señal, los dos empezarán a soplar. El objetivo del juego es que el niño sople la bola de algodón hacia ti (o fuera de la mesa dependiendo del caso). Este es un juego maravilloso para enseñarle a los niños a observar los resultados de un juego en vez de enfocarse únicamente en ganar o perder.

Puntos importantes para recordar:

Este juego no es una competencia. El niño puede intentar convertirlo en una. Para estructurar el juego de manera que se pueda reducir o prevenir la competencia, haz lo siguiente:

1. Comienza el juego diciendo, "Este juego se llama 'Soplando algodón'. Te daré una señal y los dos vamos a soplar el algodón para ver a dónde se va. Tú tratarás de soplarlo hacia mi y yo trataré de soplarlo hacia ti".

2. Dile al niño cuál es la señal. "La señal será en sus marcas, listos, fuera. Cuando yo diga 'fuera' los dos vamos a soplar".

3. No levantes tu mano del algodón hasta que no digas "fuera" para que el niño siempre comience después de tu señal y sea exitoso.

4. Si el niño comenta, "Gané, gané", puedes decir simplemente, "Soplaste la bola hacia mi".

5. Toma nota verbal de cada "partida". "Tú soplaste la bola de algodón, nos tocó el brazo y luego cayó al piso".

A LA RUEDA RUEDA

A la rueda rueda de pan y canela
Dame un besito
Y vete pa la escuela
Cuando estés allí
Estaré pensando en ti

Preparación e instrucciones:
Este juego es una buena manera de empezar la mañana de manera activa o de despedirse cuando el niño va a salir para la escuela. Estando los dos de pie, toma las manos del niño y empieza la interacción dando vueltas y cantando la canción.

"A la rueda rueda de pan y canela"
Forma un círculo estirando los brazos mientras tomas las manos del niño.
"Dame un besito"
Jala al niño hacia ti y dale un besito en el cachete o al aire
"Y vete pa la escuela"
Suelta las manos del niño y agita tus manos en señal de despedida
"Cuando estés allí"
Abre tus brazos e indícale al niño que se acerque para abrazarlo
"Estaré pensando en ti"
Envuelve al niño en un abrazo de despedida y susurra suavemente en su oído las palabras
"Estaré pensando en ti"

Variaciones:
Puedes cambiar las palabras de la canción para variar la interacción. Por ejemplo, en vez de un "besito" puedes decir un "abracito", "una manita", etc. También se puede cambiar la palabra "escuela" por otro lugar al que vaya a ir el niño. El juego se hace tradicionalmente en grupo y puede servir como un ritual de despedida.

CLASSROOM EDITION:
Feeling Buddies Self-Regulation Deluxe Toolkit, Bilingual (English/Spanish)

$325   Ages 4-7 | #T115SP-Bilingual

This toolkit will help you transform behavior problems into academic achievement. Feeling Buddies are a comprehensive and innovative tool for teaching adults and children self-regulation while learning the five-step process together. PreK through 2nd grade.

The Deluxe Bilingual Toolkit includes:

- Two sets of eight Feeling Buddies
- Large soft pocket board to house the Feeling Buddies
- The Feeling Buddies curriculum (31 English/Spanish lessons, 188 pages)
- 70+ English/Spanish reproducible templates
- 15 English/Spanish Templates
- Managing Emotional Mayhem book
- Shubert es una E.S.T.R.E.L.L.A. book
- Shubert usa su GRAN Voz book
- Shubert y su Nuevo Amigo book
- Shubert is a S.T.A.R. book
- Shubert's BIG Voice book
- Shubert Sees the Best book
- Listen to Your Feelings music CD
- Reproducibles
- Templates
- DVD with 2+ hours of instructional content
- Feeling Buddies stickers
- What Bugs Me sheet
- I Am Upset Smock
- Safe Place Posters
- My Five Steps Pocket Chart

FREE Ayundando a mis Feeling Buddies book with each Classroom Toolkit

CLASSROOM EDITION:
Feeling Buddies Self-Regulation Basic Toolkit, Bilingual (English/Spanish)

$225   Ages 4-7 | #T215SP-Bilingual

The Feeling Buddies Basic Toolkit for Classrooms will help you to meet the underlying emotional needs of all your students so every child can fulfill his social and academic potential. This kit includes only the most basic components required for the program. Our Classroom Edition: Feeling Buddies Self-Regulation Toolkit offers a more comprehensive Feeling Buddies product package for greater learning support.

The Basic Bilingual Toolkit includes:

- Two sets of eight Feeling Buddies
- Large soft pocket board to house the Feeling Buddies
- The Feeling Buddies curriculum (31 English/Spanish lessons, 188 pages)
- Managing Emotional Mayhem book
- Ayundando a mis Feeling Buddies book
- Listen to Your Feelings music CD

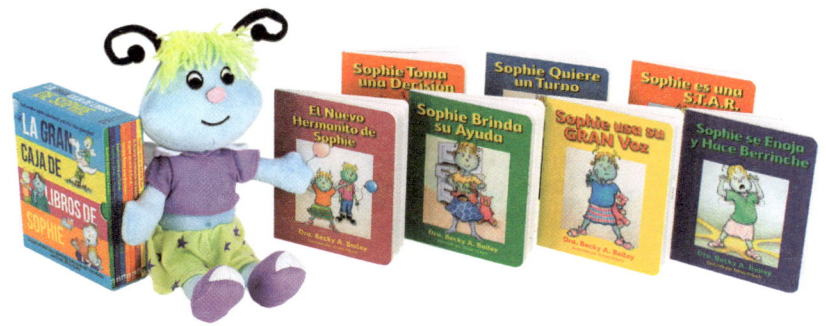

The Sophie series is an essential introduction to Conscious Discipline for youngsters age 0-5. This unique set of books is designed to build character through conflict for children by using relatable, delightful stories while also modeling the use of Conscious Discipline for adults. Each story includes helpful tips and tools for parents and caregivers.

Sophie's Deluxe Value Pack in Spanish (Super Splendid Box of Books + Plush Doll)

$57 Ages 0-5 | New Product | #V201SP

Sophie's Super Splendid Box of Books in Spanish (Set of 7 books)

$45 Ages 0-5 | #V200SP

The Sophie Series in Spanish (Individual books)

$8 each   Ages 0-5

Sophie usa su GRAN Voz	#SH201SP
Sophie's Brinda su Ayuda	#SH202SP
Sophie es una E.S.T.R.E.L.L.A.	#SH203SP
Sophie Quiere un Turno	#SH204SP
Sophie Toma una Decisión	#SH205SP
Sophie se Enoja y Hace Berrinche	#SH206SP
El Nuevo Hermanito de Sophie	#SH207SP

Now you can enjoy all the Shubert stories you love in Spanish!

We've translated all seven Shubert titles. These books provide a helpful foundation for the skills of Assertiveness, Choices, Composure, Consequences, Empathy, Encouragement and Positive Intent.

Shubert Deluxe Pack (Books + Puppet)

$70 All Ages | Best Seller | #V101SP

Shubert Value Pack (Books only)

$56 All Ages | #V100SP

The Shubert Series in Spanish (Individual books)

$10 each   All Ages

Shubert usa su GRAN Voz	#SH101SP
Shubert Brinda su Ayuda	#SH102SP
Shubert es una E.S.T.R.E.L.L.A.	#SH103SP
Shubert Ve lo Mejor*	#SH104SP
La Decisión de Shubert*	#SH105SP
Shubert se Enoja y Hace Berrinche*	#SH106SP
Shubert y su Nuevo Amigo	#SH107SP

Baby Doll Circle Time Value Pack in Spanish

$124 Ages 0-3 | #V115SP

It can be hard to find the one-on-one time necessary to create meaningful relationships in a childcare setting. Yet, research shows optimal child development is dependent on healthy relationships with adults. With Baby Doll Circle Time in Spanish, your ratio of 6:1 can drop to 1:1 as children relive moments with you while delighting in circle time with their baby dolls.

Baby Doll Circle Time Value Pack includes:
• 4-pack multi-ethnic 14" dolls
• All components of the Spanish Baby Doll
  Circle Time Curriculum

Ayudando a mis Feeling Buddies

$18 Ages 0-4 | #B114SP

Imagine a generation of children who fully experience their feelings and manage them through healthy inner speech and helpful actions. Helping My Feeling Buddies summarizes the Feeling Buddy process in order to help children do just that! A wonderful supplement to your Feeling Buddies Self-Regulation Toolkit.

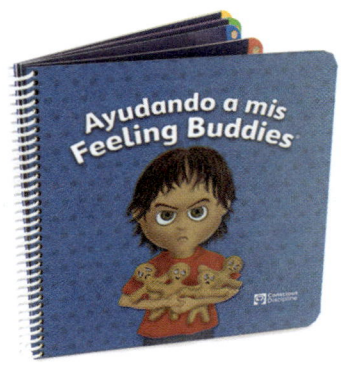

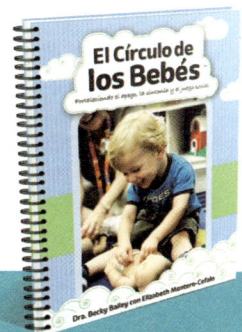

Baby Doll Circle Time Curriculum in Spanish

$55 Ages 0-3 | #B107SP

Research shows secure adult-child relationships are a prerequisite for healthy child development. Baby Doll Circle Time includes instructions and activities that show how to improve relationships between caregivers and children; reduce stress of out-of-home care, utilize attachment, attunement and social play to wire the brain for optimal development. For use with children ages 0-3.

Baby Doll Circle Time includes:
- 80+ pages of curriculum lessons
- DVD with over two hours of content
- 40+ pages of instructional information for personal and staff development
- Specific content for children with challenging behaviors and special needs
- Letter for families
- Implementation guide and sample plans
- Assessments for both children and caregivers
- Alignments to DECA, High Scope and Head Start

Eduquelos con Amor

$20 Ages 0-12 | #B104SP

The ultimate guide to parenting. Easy to Love, Difficult to Discipline is once again available in a Spanish language version!